엄마,
도와줘…

왕따·학교 폭력·아동 성범죄로부터 사랑하는 우리 아이를 지키는 방법

엄마,
도와줘…

| 신순갑·이정환 지음 |

달과소

# 사랑스런 나의 자녀,
# 누가 지켜야 하나?

　요즘에는 신문이나 방송 등의 매스미디어에서는 겁이 날 정도로 가슴을 서늘하게 만드는 사건들이 자주 보도된다. 가정 안에서 일어나는 폭력, 학교에서 벌어지는 집단 따돌림을 비롯한 집단 폭행, 어린이를 대상으로 하는 성범죄, 중고등학생들을 대상으로 하는 청소년 성매매, 나아가 아동과 청소년의 살인사건까지, 그야말로 끔찍한 사건들이 잊혀질만하면 다시 신문과 방송을 장식한다.

　특히 범죄의 건수나 양상이 청소년에서 초등학생으로 시간이 흐를수록 연령대가 낮아지고 있다는 사실은 더욱 경각심을 느끼게 한다.

　이것은 우리나라에서만 볼 수 있는 특별한 현상은 아니다. 선진

국에서는 이미 청소년 범죄의 발생 건수가 성인 범죄에 못지않아 특별법을 제정해놓고 있는 경우도 많다.

청소년을 비롯한 아동 범죄가 갈수록 증가하는 이유는 무엇일까?

우선 핵가족화를 들 수 있다. 우리나라에서 청소년 범죄가 눈에 띄게 증가하기 시작한 것은 80년대에 들어서부터다. 이 시기에는 대가족 제도에서 핵가족 제도로 가족 구성의 기초가 급변하였다. 그리고 90년대에 이르러서는 출산 자녀의 수가 두 명에도 미치지 않는 현상을 보이면서 형제가 없는 아이들이 증가하기 시작했다. 이것은 자녀교육에 상당한 영향을 미치게 되었다. 자녀의 수가 줄면 줄수록 부모의 사랑은 그 자녀에게 집중될 수밖에 없고, 그 결과 자녀는 상대를 배려하는 성격보다는 독단적이고 이기적인 성격으로 변하지 않을 수 없는 환경이 만들어졌다.

두 번째 원인은 가정교육이다. 출산 자녀의 수가 줄어들기 전부터도 일반적인 가정에서는 자녀에게 이런 말을 자주 했다.

"나가서 기죽지 마라."

사랑하는 자녀가 밖에 나가서 다른 아이들에게 짓눌려 지내기를 바라는 부모는 당연히 없겠지만, 모든 가정에서 자녀를 상대로 직접 이런 말을 할 경우 그 자녀들은 어떤 사고방식을 가지고 자랄까?

당연히 이기적이고 독단적인 성향을 띠게 될 것이다. 과거에는 형제들이 많았기 때문에 형제들과의 관계에서 양보와 타협 등 다양한 경험을 할 수 있었고 그것이 발판이 되어 상대를 이해하는 기본적인 소양은 갖출 수 있었다. 그러나 자녀의 수가 급격히 줄어들면서 그런 교육은 자기밖에 모르는, 자신이 원하는 대로 일이 진행되지 않을 경우에는 회피하거나 폭력적인 성향을 보이는 감당하기 어려운 아이들을 양산하게 되었다.

그리고 세 번째 이유를 든다면 몸을 움직이는 놀이가 아닌 정신을 활용하는 놀이의 증가다. 컴퓨터가 일반에 보급되고 인터넷이 고도로 발달한 덕분에 아이들은 혼자서도 충분히 재미있는 시간을 보낼 수 있다. 이 때문에 또래들과 접촉할 시간이 줄어들고 육체적 활동보다 정신적 활동에 치중한 나머지 성격이 편향적인 경향을 띠는 경우가 증가했다. 그 뿐 아니라 인터넷에서 얻을 수 있는 좋은 정보와 반대로 좋지 못한 정보들이 흡수되면서 육체적으로는 어린아이지만 정신적으로는 성인의 성향을 띠는 균형이 잡히지 않은 정신 발달에 의해 스스로를 통제하는 자제력이 매우 나약해졌다.

이상의 세 가지 이유 이외에도 다양한 이유를 들 수 있지만 기본적으로 이 세 가지 이유에만 신경을 써도 사랑스런 자녀를 범죄로부터 지킬 수 있는 확률은 높아진다.

아동 범죄는 가해자와 피해자가 뚜렷이 구분될 수 없다. 가해를 했던 아이가 피해자가 될 수도 있고 피해를 입었던 아이가 어느 날 갑자기 가해자로 돌변할 수도 있다. 이것은 성인처럼 아직 자아가 형성되어 있지 않기 때문이며, 또한 아이들의 집단성에 의한 현상이기도 하다.

따라서 아동 범죄의 책임은 근본적으로 부모에게 있다고 해도 지나치지 않다. 사회적응 능력, 바람직한 대인관계를 형성하는 기본, 지식보다 교양을 중시하는 교육, 그리고 범죄자를 식별하고 범죄의 위험성이 있는 장소를 피하는 요령 등을 가르치는 교육이 제대로 갖추어져야 자녀를 안심하고 키울 수 있다.

우리가 살고 있는 사회에는 늘 위험이 존재한다. 그런 위험을 간파하는 능력은 부모가 아닌 다른 사람은 결코 가르쳐줄 수 없다. 아이는 90% 이상 부모에게 의존하면서 자라기 때문이다.

# C ONTENTS

## 7장_ 이럴 때는 이렇게
　　　: 엄마가 자녀에게 가르쳐주는 방범교육

# 1

# 우리의 자녀는
# 안전한가?

# 본능이 이성보다
# 강한 힘을 발휘한다

갑자기 불이 꺼져 어두워지면 불안감을 느끼는 아이, 엄마가 잠깐이라도 보이지 않아도 울음을 터뜨리는 아이, 아이의 이런 본능은 범죄로부터 자녀를 보호할 때 가장 기본이 되며 도움이 되는 감각이다.

## 아이는 이성보다 본능이 더 강하다

밤에, 돌이 갓 지난 아이가 한창 놀이에 집중하고 있을 때 환하게 밝혀두었던 불을 갑자기 꺼보자. 아이는 금세 두려움을 느끼고 울음을 터뜨린다. 갑작스런 변화에 대한 두려움도 있겠지만 그것 말고도 자신이 안전하지 않다는 데서 오는 불안감이 강하게 작용하기 때문이다. 이것은 누가 가르쳐주어서 느끼는 게 아니라 아이 스스로 본능적으로 느끼는 불안감이다.

늘 곁에 있던 엄마가 보이지 않아도 아이는 불안감을 느끼고 울음을 터뜨린다. 이 경우에는 자신을 보호해줄 대상을 확인할 수 없다는 데서 오는 불안감이다. 아이는 본능적으로 자신이 안전한 상황에 놓여 있는지 아닌지를 간파할 수 있는 판단능력을 가지고 있다.

이것은 모든 생명체에게 주어진 자기방어를 위한 기본적인 감각이고, 위험에 노출되지 않으려 하는 본능적인 수단이다.

인간이 동물과 다른 근본적인 차이는 이성이다. 이성은 인간이라는 동물을 특별한 존재로 만들어놓았고 그것이 '만물의 영장'으로 불리는 이유로 작용한다. 하지만 이성이 반드시 본능보다 우수한 것만은 아니다.

예를 들어, 사람을 판단하는 능력에 대해 생각해보자. 이성적 판단은 그 사람의 배경, 즉 과거의 경력이나 지위, 성격 등을 어느 정도 습득한 뒤에야 가능하다. 상대방을 보는 순간 그 사람의 성품이나 위험성을 판단하는 것은 본능이다.

동물은 본능적으로 적을 알아본다. 어미 품에서 자라면서 어미가 피하는 상대, 조심스러워 하는 장소를 경험을 통하여 습득하기도 하지만, 갓난아기 시절부터 혼자 생활하는 동물의 경우에도 위험을 간파하는 능력은 기본적으로 갖추고 있다. 그리고 그런 감각은 다 자란 이후에도 그대로 남아 적과 친구를 확실하게 구분하면서 살아간다.

하지만 인간은 성장할수록 그런 본능이 마비되고 둔화된다. 그 이유는 '이성'이라는 장막 때문이다. 물론 이성이 있기 때문에 인간은 위대한 존재다. 그러나 이성을 지나치게 일찍부터 강조하다

보면 본능에 의해 얻을 수 있는 감각이나 판단은 둔화될 수밖에 없다. 이것은 매우 중요한 문제다. 아이 스스로 범죄자를 비롯한 위험한 인자를 인지하는 능력이 일찌감치 쇠퇴되는 결과를 초래할 수 있기 때문이다.

경험도 위험을 판단하는 데에 매우 중요한 의미를 가진다.

뜨거운 물이 담겨 있는 컵이 있다고 하자. 갓난아이가 호기심을 보이며 그 컵에 손을 대려 한다. 이때 엄마는 어떻게 반응할까?

대부분 깜짝 놀라서 아이를 붙잡거나 컵을 치워버린다. 하지만 이것은 아이에게 도움이 되는 행동이 아니다. 오히려 아이가 컵에 손을 대어 보도록 내버려두는 것이 현명한 행동이다(물론 물이

쏟아지지 않도록 컵은 확실하게 잡고 있어야 한다).

컵을 만져 본 아이는 뜨거운 감각이 자신에게 통증을 안겨준다는 사실을 스스로 확인하게 되고 함부로 접근하거나 손을 대서는 안 된다는 사실을 직접적인 경험을 통하여 깨닫게 된다. 이것이 경험을 통한 위험성의 습득이다.

갑자기 불이 꺼져 어두워지면 불안감을 느끼는 아이, 엄마가 잠깐이라도 보이지 않아도 울음을 터뜨리는 아이, 아이의 이런 본능은 범죄로부터 자녀를 보호할 때 가장 기본이 되며 도움이 되는 감각이다. 따라서 무리해서 억제하거나 안심시키는 행동은 하지 않는 것이 바람직하다.


## 본능을 억제하는 이성은 혼란을 부른다

아이의 본능적 감각을 중시해야 하는 이유는 범죄의 표적이 되었을 때 이성적 판단이 확립되어 있지 않은 아이의 경우에는 어설픈 이성이 오히려 본능적 감각을 방해하여 위험한 결과를 초래할 수 있기 때문이다.

유럽 등 외국의 범죄예방 프로그램을 살펴보면 아이들을 지도할 때 자신의 내부에 깃들어 있는 본능을 깨닫게 하는 데 초점을 맞추고 있다.

"위험해. 도망가야 돼."

"왜 이렇게 가슴이 뛰지? 이 사람, 나쁜 사람이야."

"이 사람은 나에게 나쁜 짓을 하려는 거야."

아이가 이런 직감을 느낄 수 있게 만들어주는 것이 부모의 역할이다.

성인의 경우에는 무슨 일이든 이성을 바탕으로 판단한다. 그 이성의 바탕에는 지식과 경험이 자리를 잡고 있다. 그 때문에 감각적으로는 오히려 아이들보다 무딘 면이 많다.

이러한 이성은 모든 문제를 이론적으로 설명할 수 있어야 한다는 사고방식을 만들어낸다. 특별히 나쁜 행동을 보이지 않는 사람을 의심하거나 위험인물로 봐서는 안 된다거나, 상대방에게 굳이 나쁜 인상을 심어줄 필요는 없다는 등의 매너와 예의를 바탕으로 생각하고 행동하다보니 감각은 자연히 무뎌질 수밖에 없다. 설사 상대방이 위험인물인 듯한 느낌이 든다고 해도 괜한 기분 탓이라고 무시해버린다.

이런 결과가 나오는 이유는 모든 것을 이론적으로 설명해야 합리성을 띨 수 있다는 그릇된 고정관념 탓이다.

그래서 아이를 가르칠 때도 지식과 경험을 중시하여 틀을 제시하고 그 틀 안에서 판단하도록 유도한다. 그 때문에 아이는 동물적인 우수한 감각을 점차 잃어버리게 된다.

그러면 범죄자가 아이를 노릴 경우를 생각해보자. 범죄자가 아이를 대상으로 범죄를 저지르려 할 경우에는 대부분 아이의 반응을 살피면서 조금씩 거리를 좁혀간다.

이때 아이가 감각적으로 위험을 느끼고 피한다면 괜찮지만, 특별히 나쁜 행동을 보이지 않았으니까 나쁜 사람이 아니야, 또는 어른이 말을 걸어오면 예의 바르게 대답을 하는 것이 착한 아이야, 라는 사고방식에 젖어 있다면 아이는 즉시 범죄의 표적이 되어버린다. 감각적으로 거부하거나 반항하는 태도를 보이지 못하기 때문이다.

직감은 이성보다 더 빨리 위험을 간파한다. 그리고 그런 위험은 이론이나 말로는 표현하기 어려운 동물적 감각이다. 비록 그것이 타당성이나 근거가 없다고 해도 막연하게나마 위험하다는 느낌이 든다면 그 자체가 위험신호가 되고 동물적인 감각으로 그런 상황을 피하게 되는 것이다. 그 때문에 직감은 매우 중요하다.

따라서 부모는 아이의 그런 직감을 중시하고 감각을 더욱 발달시킬 수 있게 지도해야 한다.

흔히 이렇게 아이를 가르치는 부모가 있다.

"모르는 사람하고는 이야기하지 마라."

"낯선 사람을 보면 상대하지 마라."

하지만 처음 보는 사람, 낯선 사람을 무조건 피하는 것이 과연 아이에게 도움이 될까?

잠깐 아이의 입장이 되어 보자.

'그럼 길을 잃었을 때에는 누구에게 물어보아야 하지?'

'엄마 아빠의 친구나 동료들 같지만 처음 보는 사람이니까 모른 척 하는 게 좋아.'

이런 것보다는 아이가 느끼기에 안심할 수 있다는 판단이 드는 사람과는 자연스럽게 이야기를 나누고 불안하다는 판단이 드는 사람은 피하도록 지도하는 것이 옳다. 그리고 그런 지도의 바탕에는 평소에 아이의 직감을 최대한 살려두는 노력이 필요하다.

# 자녀의 말에
# 귀를 기울여라

아이가 특별한 이유 없이 어떤 대상을 향해 증오를 보인다거나 경멸을 나타
내는 경우에는 성적 희롱을 당했거나 이중적 행동을 보았을 가능성이 매우
높다.

## 말 뒤에 숨겨져 있는 하고 싶은 말

아이의 말에 귀를 기울인다는 것은 결코 쉬운 일이 아니다. 흔
히 '눈높이'라는 말이 있지만 그 '눈높이'에 맞춘다는 것은 상대
방의 심리를 이해하지 않고는 거의 불가능한 일에 가깝다. 어른끼
리라도 상대방을 배려하고 이해하는 마음이 갖추어져 있지 않은
상태에서는 '눈높이'를 맞추기 어렵다.

하물며 상대가 아이인 경우에는 그 기준조차 정하기가 쉽지 않
다. 그 이유는 어른의 기준과 경험을 바탕으로 아이의 말을 받아들
이기 때문이다. 아이의 말에 귀를 기울이고 그 말뜻을 이해하고 말
뒤에 숨겨져 있는 심리를 읽어내려면 상당한 집중력이 필요하다.

아이들은 특별한 이유를 제시하지 않은 상태에서 갑작스럽게 말을 내뱉는다. 예를 들어, 평소에 아이를 귀여워하고 사람 좋기로 소문난 옆집 아저씨에 대해 아이가 이런 식으로 말을 할 때가 있다.

"옆집 아저씨는 정말 나쁜 놈이야."

이때 엄마의 입장에서는 그 이유부터 생각하게 되는데, 그 이유는 자신이 겪었던 경험을 바탕으로 만들어진다.

최악의 답변은 이런 것이다.

"그게 무슨 말이니, 어른한테 버릇없이."

이때 아이는 즉시 눈을 치켜뜨고 엄마를 노려보며 한마디 덧붙인다.

"엄마도 똑같아!"

엄마는 아이의 이런 행동을 도저히 이해하기 어렵다. 그리고 순간적으로 아이의 태도에 감정이 상해서 화를 내며 야단을 친다. 아이가 하는 말의 바탕에 깔려 있는 어떤 이유에 대해 눈을 돌릴 기회조차 만들지 못하는 것이다.

아이의 태도가 갑작스럽게 돌변했을 때는 분명히 이유가 있다. 따라서 일단 그 이유부터 물어보아야 한다.

"왜? 그 아저씨가 왜 나빠?"

그러면 아이는 대부분 이런 반응을 보인다.

"몰라!"

이때는 나름대로 이유가 있다고 여기고 어른으로서의 이성적 사고를 접어두고 아이의 '눈높이'에 맞추어 그 말에 귀를 기울일 수 있는 자세를 보여야 한다.

아이가 특별한 이유 없이 어떤 대상을 향해 증오를 보인다거나 경멸을 나타내는 경우에는 성적 희롱을 당했거나 이중적 행동을 보았을 가능성이 매우 높다. 그러나 나름대로 수치를 느끼기 때문에 엄마에게 있는 그대로 상황을 설명하기보다는 극단적인 표현으로 자신의 입장을 이해해주기를 바라는 것이다. 그런 아이의 심리를 이해하지 않고 단순히 말투만 빌미삼아 예의가 없다거나 태도가 불량하다고 몰아붙인다면 아이는 입을 굳게 다물 것이고 엄마에 대한 신뢰감도 잃고 말 것이다.

아이의 입장에서 생각한다는 것은 매우 어려운 일 같지만 꼭 그런 것만은 아니다. 엄마가 자신의 어린 시절을 회상해 보면 쉽게 이해할 수 있다.

아이는 강요당하는 것을 싫어한다. 어른의 입장에서는 아이를 교육시키는 것이라고 할 수 있겠지만, 아이는 아이 나름대로 자신이 하나의 인격체라는 의식을 가지고 있다. 그 때문에 몰아붙이거나 강요하는 듯한 말투나 태도는 아이에게 반감을 불러일으키고 엄마에 대한 신뢰도 떨어뜨린다.

즉, 아이를 하나의 인격체로 인정한 상태에서 그 말에 귀를 기울이고 대화를 하는 것이 '눈높이'에 맞는 대화 방법이다. 그리고 평소에 그런 인상이 심어져 있어야 아이는 비로소 부모를 자신의 '진정한 친구'로 받아들이고 어떤 일이든 있는 그대로 설명하고 의논하는 자세를 갖춘다.

대부분의 엄마들은 자녀를 사랑하고 이해하면서도 한편으로는 자신의 뜻대로 따라주기를 간절하게 바란다. 그 때문에 아이가 자신의 뜻에 위배되는 행동을 보일 때는 즉시 감정적인 태도를 보이게 되고 이것이 아이의 입을 다물게 만드는 원인으로 작용한다.

엄마에게 부정적인 인식을 가진 아이는 자신의 주변에 어떤 변화(예를 들면 성적 희롱 같은)가 생겼을 때 의논할 상대를 찾지 못하고 그것이 스스로에 대한 자책감으로 비화되면서 성격에도 변화가 나타나, 이른바 '문제아동'의 길로 접어드는 것이다.

아이의 말에 귀를 기울이는 부모가 되려면 마음을 순수하게 가져야 한다. 아이의 말이나 태도에 감정적으로 대응할 것이 아니라 그 말의 배경에 어떤 의미가 있는지 이해하는 자세부터 갖추어야 한다. 그렇게 하는 기본은 아이와 함께 보고, 듣고, 생각하는 태도다.

사람은 누구나 자신을 이해해주는 사람에게 안도감을 느끼고 마음의 문을 연다. 아이도 마찬가지다. 부모가 자녀에게 신뢰를 주지 못하기 때문에 '문제아동'이 발생하는 것이고 미리 막을 수 있는 아동 범죄도 걷잡을 수 없이 확대되는 것이다.

만약 자녀가 대화를 요구해 온다면 즉시 그 대화에 응해주도록 하자. 혹시 너무 바빠서 당장 대화를 할 수 없다면 그 이유를 분명하게 설명해 주자. 그리고 아이와 약속을 했다면 무슨 일이 있어도 지키도록 노력한다. 어떤 이유에 의해 부득이하게 약속을 지킬 수 없는 상황이라면 반드시 미안하다고 사과한다.

평소에 신뢰관계를 만들어놓는 것은 자녀에게 무슨 일이 발생했을 때 자연스럽게 의논하고 대화할 수 있는 기본이다. 이 기본만 갖추어진다면 굳이 아이의 말 뒤에 감추어져 있는 심리를 읽으려 하지 않아도 아이는 스스로 자신의 감정과 주변상황의 변화를 있는 그대로 털어놓을 것이다.

## 수평적 대화의 중요성

수평적 대화는 비슷한 입장, 비슷한 사고를 바탕으로 대화를 나누는 방법이다. 어린 자녀가 부모의 입장과 사고에 맞추어 대화를 나눈다는 것은 힘든 일이니 당연히 부모가 아이의 눈높이에 맞추어야 한다.

수평적 대화가 필요한 이유는 아이에게 '부모는 내 편이고 나를 가장 잘 이해해주는 친구'라는 인식을 심어주기 위해서다.

가정에서 부모와 자주 대화를 나누지 않는 아이일수록 범죄에 휘말리기 쉽다. 부모가 자신의 말에 귀를 기울이지 않거나 '어른'이라는 이유를 내세워 강압적이고 일방적인 명령조의 말투를 자주 사용하면, 아이는 밖에서 그 보상을 받으려 한다. 만약 폭력적 성향이 강한 가정의 아이라면 그 아이는 폭력의 위험성과 피폐성을 전혀 깨닫지 못하고 자기 역시 친구나 동료들에게 폭력적인 행동을 보인다. 또 일방적인 명령조의 말투에 자주 휘둘리는 아이는 강한 말투를 사용하는 상대에게 주눅이 들어 밖에서도 자신의 주장을 제대로 펴지 못하게 되고 그것이 결국 피해자의 입장에 몰리는 결과를 낳게 된다.

어떤 경우이든 그 저변에는 하고 싶은 말을 마음껏 할 수 있는 환경, 자유로운 대화를 나눌 수 있는 환경이 결여된 것이다.

부모가 자녀와 수평적 대화를 나누게 되면 자녀는 부모에게 거짓된 행동을 보이지 않는다. 그것이 자녀에게 발생할 수 있는 모든 변화를 자연스럽게 감지할 수 있는 방법이다.

"우리 아이가 왜 저럴까?"

"우리 아이에게 무슨 문제는 없을까?"

이런 걱정을 하는 이유는 자녀에 대해 확실하게 이해하지 못하고 있기 때문이다. 만약 평소에 자녀와 수평적 대화를 자유롭게 나눌 수 있는 환경을 만들어 놓았다면 굳이 이런 걱정을 할 필요가 없다. 자녀 스스로 변화에 대해 상담해 오고 의논해 올 테니까.

같은 대화라도 '어른' 또는 '부모'라는 입장을 전제로 한 명령조의 대화는 의미가 없다. 교육도 마찬가지지만 사고의 폭이 좁은 아이를 상대로 대화를 나눌 때는 수직적 대화가 아닌 수평적 대화의 기본이 갖추어져야 숨김없는 진실을 이끌어낼 수 있다.

그리고 그런 자유로운 환경 속에서 자란 아이는 범죄에 휘말릴 가능성이 매우 낮다. 어떤 상황이 발생했을 때 대화를 통하여 상대방의 마음을 간파하는 능력을 자연스럽게 갖추게 되기 때문이다.

# 숨김없이 자유롭게 표현할 수 있는 환경을 만들어줘라

대화도 습관이다. 자신의 주장을 확실하게 이야기하고 싫은 것은 싫다고 말할 수 있는 습관이 몸에 밴 아이일수록 피해를 입을 상황에 처했을 때 정확한 판단을 내리고 단호한 행동을 할 수 있다.

## 아이의 어떤 말이든 나름대로 이유가 있다

자녀와 수평적 대화를 나누는 데서 얻을 수 있는 가장 큰 장점은 언제 어떤 상황에서든 할 말을 분명하게 할 줄 아는 자녀로 키울 수 있다는 데 있다.

학교에서 집단 따돌림이나 괴롭힘이 발생하는 이유는 어디에 있을까?

기본적으로는 집단에서 동떨어진, 또는 독특한 행동이나 태도를 보일 때 그 표적이 된다. 한마디로 '튀는' 경우이다.

1. 공부를 매우 잘한다. (혹은 못한다)

2. 운동을 매우 잘한다. (혹은 못한다)

3. 옷이 너무 고급스럽다. (혹은 촌스럽다)

4. 사고방식이 다르다. (대부분 인터넷 게임을 즐기는데 그렇지 않다거나)

5. 모든 일에 지나치게 적극적이다. (혹은 소극적이다)


어떤 경우이든 일반적인 아이들과 다른 행동, 태도, 복장, 사고를 갖추고 있을 경우에 따돌림이나 괴롭힘의 표적이 되는 것이다. 이것은 아이들의 집단성에서 보면 지극히 당연한 현상이라고 볼 수 있다.

그리고 괴롭힘이나 따돌림의 주동자가 되는 아이가 탄생하는 배경은 '힘'이다. 어떤 집단이든 그 집단에는 일반적인 규칙이나 매너를 제대로 갖추지 않은 아이가 존재한다. 그런 아이들은 자기가 갖추지 못한 것을 갖추고 있는 아이에게 질투와 패배감을 느끼고 그것이 계기가 되어 어떻게든 그 아이보다 나은 모습을 보여주기 위해 앞장선다. 그것이 따돌림이나 괴롭힘의 주동자가 되는 과정이다.

그런데 힘으로 상대를 제압하는 것이 다른 아이들의 눈에 비치면 그 아이들은 힘을 가진 아이에게 동조하지 않을 수 없게 되고, 이것이 반 전체의 환경에 영향을 미치면서 피해 학생은 더욱 고립

되는 상황에 빠지게 된다.

그러나 가해 학생이 피해 학생에게 처음으로 어떤 요구를 해 왔을 때, 정확하게 거부의사를 밝히고 위축되지 않은 모습을 보인다면 가해 학생을 제외한 다른 아이들은 오히려 피해 학생 쪽에 모여 의지하게 된다. 이것은 평소에 그 아이가 가정에서 어떤 대화를 주고받았는가에 따라 큰 차이를 보인다.

부모와 수직적 대화를 나누었던 학생은 피해를 당하는 상황에 몰리면 그 학생의 말이나 요구에 반론을 펴지 못하고 힘없이 끌려가는 모습을 보인다. 그러나 수평적 대화를 나누었던 학생은 자신의 주장을 분명하게 이야기할 줄 안다. 설사 그것이 가해 학생의 화를 부추겨 당장은 피해를 입게 될 가능성이 있다고 해도 그 이후에는 가해 학생이 함부로 대할 수 없는 강한 이미지를 심어준다. 즉, 한두 번의 피해로 끝날 수 있다는 의미다.

나아가 그런 학생은 학교에서 당한 피해를 집으로 돌아와 부모님에게 솔직하게 이야기하고 도움을 청한다. 이것은 모두 부모와 수평적 대화를 나눈 결과다.

수평적 대화는 아이가 자아를 깨닫게 해주는 계기가 된다는 점에서도 매우 중요하다. 여기에서 '자아'는 자기도 어엿한 인간으로서 대접을 받고 있다는 스스로에 대한 사랑이며 의식이다. 이런 의식이 한 번 갖추어지면 아이는 자아를 쉽게 포기하지 않는다.

그렇기 때문에 바람직하지 않은 상황이 발생하더라도 자신의 '자아'를 지키기 위해 스스로 방어를 하게 된다.

그러나 수직적 대화에 익숙한 아이는 누군가가 결정을 내려주기 전에는 스스로 판단을 내릴 줄 모른다. 그래서 바람직하지 못한 일이 발생하면 당황하게 되고 그것이 나약하고 위축된 모습으로 비쳐서 가해 학생을 비롯한 집단으로부터 소외당하는 결과를 낳는다. 또 집으로 돌아와서는 그 상황에 적절하게 대응하지 못한 자기 자신이 부끄러워 부모에게 학교에서 있었던 일을 털어놓지 못한다. 이것은 결국 방에만 틀어박혀 갈수록 고립되어가는 외톨이를 만들어버린다.

학교에서 뿐만 아니라 성 범죄자를 만나게 되었을 때도 마찬가지다. 수직적 대화에 익숙한 아이는 어른이 하는 말, 어른이 시키는 행동은 대부분 옳은 것이라는 착각에 사로잡혀서 어떤 판단을 내리기 전에 이미 범죄자가 요구하는 대로 몸을 움직인다.

대화도 습관이다. 자신의 주장을 확실하게 이야기하고 싫은 것은 싫다고 말할 수 있는 습관이 몸에 밴 아이일수록 피해를 입을 상황에 처했을 때 정확한 판단을 내리고 단호한 행동을 할 수 있다.

## 아이들의 관점으로 봐라보아야 한다

부모들이 '눈높이 교육', '수평적 대화'의 필요성을 잘 알고 있으면서도 실행에 옮기지 못하는 이유는 자녀를 '어린아이'로 보기 때문이다. '하나의 인간'으로 보지 않는 것이다. 수평적 대화를 이끌어내지 못하는 원인은 전적으로 부모에게 있다.

부모는 아이보다 적어도 20년은 더 인생을 경험한 사람이다. 따라서 옳고 그름, 이익과 손해, 바람직한 행동과 그렇지 않은 행동 등에 대해 구분하고 판단하는 능력이 당연히 뛰어날 수밖에 없다. 하지만 자녀는 그런 경험이 부족하다. 경험이 부족하기 때문에 때로는 부모의 입장에서는 도저히 이해할 수 없는 엉뚱하고 어이없는 주장을 펴기도 한다.

네댓 살 정도의 자녀에게 나중에 커서 어떤 사람이 될 것이냐는 질문을 했다고 하고 두 가지 상황을 살펴보자.

"구두닦이."

"뭐? 구두닦이가 뭐니? 그걸 말이라고 하니? 그럼 공부를 왜 하는데? 으이그, 내가 못 살아 정말. 도대체 넌 왜 이러니."

이때 아이는 다음 말을 잇지 못한다. 그리고 엄마가 왜 화를 내는지 그 이유도 이해하지 못한다. 그저 막연하게 자기가 무슨 잘못을 저질렀나 보다 하는 생각에 고개만 숙이고 있을 뿐이다. 그리고 앞으로는 엄마의 질문에 가능하면 대답하지 말아야겠다고 생각한다. 이것으로 수평적 대화는 단절되어버린다.

다른 예를 들어보자.

"너 나중에 커서 어떤 사람이 될래?"

"구두닦이."

"구두닦이? 왜?"

"지저분한 구두를 반짝반짝하게 닦을 수 있잖아."

"그래. 그것도 멋진 일이야. 하지만 구두를 반짝반짝하게 닦을 정도가 되려면 열심히 노력해야 되는데. 우리 ○○가 그렇게 노력할 수 있을까?"

"당연하지. 충분히 할 수 있어."

"그래. 우리 ○○는 충분히 할 수 있을 거야. 그런데 구두닦이를 하면 안 좋은 점은 뭘까?"

"흐음. 손이 더러워져."

"그래. 그래서 더 깨끗하게 씻어야겠지? 그래서 구두를 닦는 아저씨들은 항상 깨끗하게 씻는단다. 너도 그렇게 할 수 있을까? 그래야 훌륭한 구두닦이가 될 수 있을 텐데."

"그럼. 나도 깨끗하게 씻을 수 있어."

그리고 아이는 당장 그 시간부터 욕실을 들락거릴 것이다.

중요한 것은 아이가 네댓 살의 어린아이라는 사실이다. 그 아이의 눈높이에서 생각해보면 직업이 무엇인가 하는 관점은 당연히 갖추어져 있지 않다. 그런 아이를 상대로 무조건 핀잔을 주고 사고방식이 잘못되었다는 식으로 대한다면 부모의 사고방식이 문제다. 그 부모야말로 무식한 것이다.

아이는 시간이 흐르면 생각이 바뀐다. 아이의 생각이 바람직한 방향으로 바뀔 수 있게끔 사물을 보는 시각과 올바른 판단을 내릴 수 있는 환경을 만들어주는 것이 부모의 역할이다.

이런 대화에 익숙해지면 성적인 문제, 학교에서 생긴 문제 등도 아이는 자연스럽게 부모와 의논하게 된다. 자신을 이해해주는 사람이라는 확신이 들어야 비로소 아이는 입을 열게 되는 것이다.

가해 학생도 부모에게 문제가 있지만 피해 학생 역시 부모의 책임이 크다. 물론 피해를 당하는 모든 가정에 문제가 있다는 말은 아니다. 단, 그 피해가 확산되는 것만큼은 얼마든지 막을 수 있다는 의미이다.

# 판단 능력,
# 구별 능력을 길러줘라

--------------------------------

아이에게 옳고 그름을 가르칠 때의 기준은 보편성에 의거한다는 점을 잊지 말
자. 보통 사람들이 생각하는 옳고 그른 기준을 바탕으로 수평적 교육을 시킨
아이는 범죄의 표적이 될 가능성이 매우 낮아진다.

## 강요하는 가르침은 NO! 자발성을 끌어내라

수평적 대화와 본능이 중요한 이유는 아직 삶의 경험이 부족한
아이가 판단을 내려야 하는 상황에 처했을 때 매우 큰 기준으로
작용하기 때문이다.

수직적 대화에 익숙한 아이는 '어른의 말은 무조건 따라야 한
다'는 무의식에 사로잡혀 낯선 사람을 보더라도 그가 자신에게
피해를 끼칠 사람인지 그렇지 않은 사람인지 본능적으로 구별하
는 직감이 둔해진다. 또 상대가 어떤 요구를 해 올 경우에도 분명
하게 거절하지 못한다. 이것은 곧 범죄의 피해자라는 결과로 이어
진다.

"누군가가 어려운 상황에 처해 있을 때는 도와주어야 한다."

이 말은 도덕적으로는 당연한 가르침이지만 범죄예방의 의미에서 보면 문제가 있다.

"누군가가 어려운 상황에 처해 있을 때는 도와주어야 한다. 하지만 이상한 느낌이 들거나 마음이 내키지 않을 때에는 무시해도 된다."

오히려 이쪽이 더 아이의 안전에 도움이 된다.

생각해보자. 유괴범이 아이에게 접근하는 방법은 흥미로운 물건이나 음식을 이용하는 방법, 친절한 척 접근하여 부드러운 말투로 유혹하는 방법 등이 있지만, 또 하나의 대표적인 예가 아이의 동정을 사서 스스로 따라오게 만드는 방법이다. 그것이 범죄를 저지르기 위한 난처한 상황, 어려운 상황의 연출이다.

길가에 자동차를 세워놓고 아이가 지나갈 때 다가와 이렇게 말을 건넨다.

"아저씨가 급히 은행에 좀 다녀와야 하는데 미안하지만 차 좀 지켜주겠니?"

아이는 고개를 끄덕이고 다가가 차 옆에 선다.

"여기는 주차금지 구역이라 차 안에 사람이 없으면 딱지를 뗀단다. 미안하지만 안에 들어가 앉아 있을래? 5분이면 돌아올 수 있어."

수직적 대화에 익숙한 아이, 도덕적 가르침에 익숙한 아이는 본능적으로는 무언가 이상하다는 느낌이 들지만 곤란한 상황에 놓인 사람의 부탁이니까 좋은 일을 한다는 생각으로 차 안으로 들어가 기다린다.

여기까지 진행되면 끝장이다. 아동 범죄에서 가장 완벽한 시나리오가 유혹이 걸려 차 안으로 들어가는 것이니까.

어려운 상황에 처한 사람을 도와주어야 한다는 도덕적 가르침은 당연히 의미가 있고 중요하다. 인간성을 형성하는 데도 중요한 가치를 지닌다. 단, 아이의 본능까지 제어할 만큼 강요된 가르침은 바람직하지 않다는 것이다.

수직적 대화에 익숙한 부모는 아이가 하는 말은 무조건 무시해 버린다. 그렇기 때문에 아이의 특성을 이해하지 못하고 성품 역시 이해하지 못한다. 그런 부모 밑에서 자란 아이는 범죄의 가해자나 피해자가 될 가능성이 높다.

반항적인 성품을 지닌 아이는 가해자, 순종적인 성품을 지닌 아이는 피해자가 되는 것이다.


## 옳고 그름에 대한 확실한 인식을 심어줘라

그렇다고 무조건 본능에만 의지하여 행동하게 키울 수는 없다. 본능에만 의지해서 행동한다면 그것은 동물과 다를 게 없으니까.

아이의 본능적인 감각을 살려주는 동시에, 하는 일의 옳고 그름에 대한 확실한 인식을 심어주는 교육이 필요하다.

여기에서 옳고 그름은 보편적 도덕과 매너다. 좋은 쪽이든 나쁜 쪽이든 아이는 특별하다고 무조건 좋은 것이 아니다. 어떤 특별한 행동을 하는 아이는 학교에서는 따돌림의 대상이 되기 쉽고 밖에 서는 시선을 모으기 쉽다. 그리고 그런 아이일수록 보편적인 아이들과 다른 판단능력을 갖추기 쉽다.

예를 들면, 무슨 일을 하건 반드시 1등을 해야 한다, 세상에서 내가 가장 중요한 사람이다, 가난한 사람은 무시해도 된다, 부자는 모두 나쁜 사람들이다, 하는 식으로 어느 한쪽으로 치우친 판단능력을 갖추고 있는 아이는 보통 아이와 달리 보편적인 행동양식에 익숙하지 않다. 이것은 아이들 간의 대인관계에 금이 가게 만들고 어른들의 시선으로 볼 때도 특별한 아이로 비친다. 이런 결과는 모두 부모의 교육에 의해 형성된다.

아이에게 옳고 그름을 가르칠 때의 기준은 보편성에 의거한다는 점을 잊지 말자. 보통 사람들이 생각하는 옳고 그른 기준을 바탕으로 수평적 교육을 시키면 아이는 기본적으로 평범한 생활에 익숙해진다. 그렇게 눈에 띄지 않는 아이는 범죄의 표적이 될 가능성이 매우 낮아진다. 물론 부모라면 누구나 자신의 자녀를 특별한 아이로 키우고 싶을 것이다. 하지만 그런 교육은 아이가 보편적 행동양식에 익숙해진 이후에 시작해도 늦지 않다.

# 자신감이
# 주관을 만들어준다

우리의 자녀는 누구나 범죄의 대상이 될 수 있다. 다른 점이 있다면 평소에 범인이 접근하기 쉬운 아이인가 그렇지 않은가에서 출발하여 적절한 대응을 할 수 있는가, 그렇지 않은가에서 구분이 된다는 점이다.

## 자신감과 오만은 다르다

"자신감 있는 아이로 키워라!"

이런 말을 들으면 '아이의 기를 죽이지 말라'는 의미로 받아들이는 부모들이 의외로 많다. 하지만 이것은 그야말로 엉뚱한 해석이다.

자신감이 넘치는 사람은 겸손하다. 어떤 상대를 대하더라도 그 사람보다 낫다는 자신감이 있다면, 사람은 당연히 상대방을 동등한 입장에서 바라보지 않는다. 그 때문에 오히려 이해하는 쪽에 서게 되고 그것이 겸손한 태도로 나타난다.

그런데 아이의 기를 죽이지 않는 게 자신감을 키워주는 거라고 잘못 받아들이게 되면 아이는 예절과는 동떨어진, 자기밖에 모르는 이기적인 행동을 앞세우게 되고 그것은 결국 오만한 태도로 연결된다.

얼마 전, 지하철 안에서 신발을 신고 의자 위를 뛰노는 어린아이를 혼낸 적이 있다. 부모는 자신의 아이를 당신이 무슨 자격으로 야단치느냐고 오히려 역성을 들었다.

이런 태도는 어른들의 눈살을 찌푸리게 만들 뿐 아니라, 주변 친구들의 질시의 대상이 되기도 한다. 이런 태도 때문에 폭력의 피해자가 되거나 따돌림의 대상이 된다. 따라서 오만과 자신감의 차이부터 이해해야 한다.

자신감은 자기표현과도 밀접한 관계가 있다. 자신감이 없으면 어떤 상황에 처했을 때 하고 싶은 말을 제대로 표현하지 못한다.

성범죄자가 친절하게 접근하여 몸에 손을 대려 할 경우를 생각해보자. 자신감이 있는 아이, 옳고 그른 행동의 보편적 기준을 갖추고 있는 아이는 즉시 싫다고 대답하며 강력하게 거부할 것이다. 그러나 자신감이 결여된 아이는 어떻게 행동해야 옳은 것인지, 어떤 식으로 대응해야 옳은 것인지, 자신의 판단에 자신을 가질 수 없을 뿐 아니라 설사 어떤 결정이 내려지더라도 그 결정을 말로 표현하지 못한다. 그 때문에 싫으면서도 자기도 모르게 범죄자의 의도대로 끌려가게 된다.

범죄자들은 대부분 자신의 의사를 제대로 표현하지 못하는 아이를 노린다. 특히 낯익은 사람이 더 일으키기 쉬운 성범죄는 그런 경향이 더욱 강하다. 평소에 자신감이 결여되어 있는 아이일수록 성범죄자의 표적이 되기 쉬운 것이다.

학교에서 발생하기 쉬운 따돌림의 경우도 마찬가지다. 설사 힘이 부족해서 얻어맞는다고 해도 자신감 있는 아이의 강력한 반항은 가해 학생을 위축시킨다. 그 때문에 재발 가능성이 낮다.

## 주관은 독단이 아니다

자신감과 비슷한 의미에서 주관을 생각할 수 있다. 주관은 자신감이 부족할 경우에는 갖추어지기 어렵다. 자기 자신에 대한 이해와 옳고 그른 것을 판단할 수 있는 능력, 수평적 대화에서 얻을 수 있는 자아가 바탕에 깔려 있어야 아이 스스로 확고한 주관을 가질 수 있다. 그리고 그 주관은 당연히 독자적인 것이 아닌 보편적인 것이어야 한다. 그런 주관을 갖추게 하는 역할은 부모 몫이다.

단, 주관은 너무 강하면 문제가 있다. 주관이 너무 강하다는 것은 자기주장이 너무 강하다는 의미와 상통하고 그런 주관은 친구 관계에서 마찰을 일으키기 쉽다. 따라서 강한 주관을 갖추고 있더라도 그것을 표현할 때는 상대방의 말을 인정하고 동조할 줄 아는 대화 방법을 가르쳐주어야 한다.

주관이 강하다는 것은 독단적이라는 의미와 분명히 다르다. 자신감과 오만이 차이가 있듯 주관 역시 독단과는 거리가 멀다. 자신감이 갖추어진 아이는 대부분 주관도 뚜렷하다. 오만한 행동을 하는 아이는 대부분 독단적이다. 범죄가 없는 세상이라면 이것이 나쁘다고만 말할 수는 없겠지만, 성인이 되기 전의 아이는 친구들과의 관계, 즉 사회성을 자연스럽게 갖추기 위해서도 오만이나 독단은 바로잡아 주어야 한다.

또 오만하고 독단적인 아이일수록 범죄자의 말에 쉽게 유혹을 당한다. 오만하고 독단적인 아이일수록 자기 마음에 드는 행동을 하는 상대를 쉽게 믿기 때문이다.

자신감과 주관은 자신의 기분을 먼저 생각하는 것이 아니라 상대방의 기분을 먼저 살피게 한다. 자신감이 있기 때문에 상대를 간파할 수 있는 여유가 생기고 주관이 분명하기 때문에 냉정하게 옳고 그른 판단을 내릴 수 있기 때문이다.

자녀를 교육시킬 때는 이 부분에서 착오가 발생하지 않도록 주의해야 한다. 대부분의 부모들은 아이의 오만한 행동을 자신감으로 오해하고 독단적인 행동을 주관으로 착각하는 경우가 많다. '부모' 의 입장에서만 아이를 바라보기 때문이다. 내 아이가 아닌

남의 아이라는 기준으로 바라본다면 자신감과 오만, 주관과 독단을 분명하고 쉽게 구분할 수 있다.

아이가 자신감과 주관을 갖출 수 있도록 해야 스스로 판단하고 행동할 수 있다. 그래야 범죄의 손길이 미칠 가능성이 낮아지고, 설사 범죄의 손길이 미친다고 해도 무사히 빠져나올 가능성이 높아진다.

우리의 자녀는 누구나 범죄의 대상이 될 수 있다. 다른 점이 있다면 평소에 범인이 접근하기 쉬운 아이인가 그렇지 않은가에서 출발하여 적절한 대응을 할 수 있는가, 그렇지 않은가에서 구분이 된다는 점이다.

# 피해를 주는 아이,
# 도움을 주는 아이

공동체 생활에서도 남을 배려할 줄 아는 아이는 당연히 인기가 좋다. 도움을
주는 친구를 미워하거나 시기하는 아이는 없으니까.

## 남에게 피해를 주는 아이일수록
## 위험에 노출될 가능성이 높다

아동 범죄는 어른들에 의해서만 이루어지는 것이 아니다. 친구
들과 관계, 동년배들과 관계에서도 얼마든지 발생할 수 있다. 그
대표적인 예가 '따돌림'이나 '괴롭힘'이다.

그리고 아동 범죄는 피해자만 대상이 되는 것이 아니라 가해자
도 대상이 된다. 자기 자녀만 피해를 입지 않으면 된다고 생각하
는 부모는 없을 것이다. 다른 아이에게 피해를 주는 경우에는 더
큰 문제를 낳기 때문이다. 그렇기 때문에 평소에 다른 사람에게
피해를 주지 않는 아이로 자랄 수 있도록 신경을 써야 한다.

여기에는 또 다른 의미도 있다. 다른 사람에게 피해를 끼치는 아이일수록 보호의 대상에서 제외되기 쉽다는 점이다. 귀여운 짓을 하지 않는 아이를 귀여워하는 어른은 없다.

부모의 입장에서 보면 자기 자식만큼 귀엽고 사랑스런 아이는 없다. 그 때문에 그 아이가 어떤 행동을 해도 그저 사랑스런 눈길로 바라보게 되고 설사 문제를 일으키더라도 자기가 나서서 변명을 해댄다. 하지만 다른 사람의 입장에서 보면 피해를 끼치는 아이는 그저 골칫거리일 뿐이다.

식당의 예를 들어보자. 어떤 식당을 가든 아이들이 정신없이 뛰어다니는 광경을 쉽게 목격할 수 있다. 아이의 부모는 아이에게 뛰지 말라고 계속 주의를 주지만 제재할 생각은 전혀 없는 듯 행동으로 나서지는 않는다. 뿐 아니라 얼굴 가득 미소까지 띠고 있다. 아이의 건강한 모습에 뿌듯한 표정이다.

하지만 다른 사람의 입장에서 보면 어떨까? 식당은 식사를 하는 장소이다. 신경이 예민하거나 장이 과민한 사람인 경우에는 편안한 마음으로 식사를 하지 못하면 즉시 탈이 난다. 차라리 강아지가 뛰어다니면 소리도 덜 나고 귀엽기라도 하지만 아이의 그런 행동은 정말 짜증이 나지 않을 수 없다. 그래서 아이 좀 조용히 시키라고 한마디 던지면 아이 엄마는 "어린아이니까 이해 좀 해 달라"고 말하며 이맛살을 찌푸린다.

아무리 어린아이라고 해도 눈치는 분명히 있다. 아이는 부모가 생각하는 만큼 머리가 모자라지 않다. 만약 자신의 아이가 어리고 뭘 몰라서 그런 행동을 하는 것이라고 생각하는 부모가 있다면 그것은 아이에 대한 모독이다. 마치 자신의 아이를 바보로 인정하는 것과 같다. 또래의 다른 아이들은 얌전히 앉아 조용히 식사를 하는데, 자신의 아이는 그렇지 않다면 그건 틀림없는 장애 아동이다. 결국 부모가 자신의 아이를 장애 아동으로 만드는 꼴이다.

문제는 그 정도에서 끝나는 게 아니다. 그런 식으로 자란 아이는 유치원이나 학교에 입학했을 때, 즉 공동체 생활을 하게 되었을 때 아동 범죄의 대상에 포함될 가능성이 높다.

만약 나름대로 힘이 있는 아이라면 그 성격을 폭력적으로 드러내어 가해 학생이 될 것이고, 힘이 없는 아이라면 가해 학생의 표적이 되어 피해 학생이 될 가능성이 높다.

그 원인은 분명히 부모에게 있다. 그런데도 부모들은 학교를 찾아가 학교 교육에 문제가 있다면서 학교 탓, 선생님 탓을 한다.


## 남에게 도움을 주는 아이는 보호의 대상이 된다

그렇다면 남에게 도움을 주는 아이는 어떨까?

남에게 도움을 준다는 것은 상대방을 배려할 줄 안다는 의미이며, 나아가 이미 사회성을 이해하기 시작했다는 의미이다. 사회성을 이해한다는 것은 '성인'이라는 의미도 포함된다. 또 공동체 생활에서도 남을 배려할 줄 아는 아이는 당연히 인기가 좋다. 도움을 주는 친구를 미워하거나 시기하는 아이는 없으니까.

따라서 이런 아이는 주변에 친구가 많고 늘 몇 명씩 어울려 다닌다. 어른들의 눈에도 좋은 인상을 심어주기 때문에 아이의 신변에 조금이라도 이상한 일이 생기면 즉시 그 부모에게 연락을 취한다. '착한 아이'가 위험에 노출되는 것을 보고 외면할 어른은 아무도 없을 것이다. 그러나 피해를 주는 아이, 사람들의 눈살을 찌푸리게 하는 행동을 하는 아이의 경우에는 설사 신변에 위험한 일이 생겨도 사람들은 귀찮다는 생각에 외면해버리는 경우가 많다.

이 차이는 부모가 없을 때도 보호를 받는 대상이 될 수 있는가 하는 문제와 연결되며, 이것은 결국 범죄의 대상에서 얼마나 멀어질 수 있고 안전할 수 있는가 하는 문제와도 직결된다.

남에게 도움을 준다는 의미를 좀 더 폭 넓게 해석한다면 모든 사람의 사랑스런 시선을 모을 수 있는 중심적 위치에 놓일 수 있다는 것이다.

그래서 아동 범죄의 배경에는 부모가 존재한다는 말이 있다.

# 집에서 새는 바가지
# 나가서도 샌다

다른 사람을 배려할 줄 모르는 아이는 성인으로 성장하는 과정에서 적어도 한 두 번은 가해자의 입장이든 피해자의 입장이든 아동 범죄의 영역에 발을 들여 놓게 된다.

### '기죽지 말라'는 희한한 가정교육

과거에 먹을 것이 부족했던 시절, 교양이나 매너를 생각할 여유가 전혀 없던 시절에는 대부분의 가정에서 아이를 가르칠 때 부모가 '기죽지 말라'는 말을 자주 했다. 집에서 못 먹고 못 입고 못 산다고 해서 밖에 나가서 잘사는 집 아이에게 기죽을 필요는 없다는 의미에서였을 것이다. 가난하다는 자격지심에서 나온 말이니까 어찌 보면 일방적이고 이기적이기는 하지만 그래도 제대로 먹이지 못하는 자녀에 대한 부모의 애정을 읽을 수 있기 때문에 그나마 이해할 수 있다.

하지만 경제가 발전하고 보릿고개도 겪지 않게 된 이후에도 이런 식으로 자녀를 가르치는 부모가 있다. 엥겔계수가 확연히 낮아지고 문화생활에 투자하는 비용이 상당히 높은 여유로운 생활을 하게 된 이후에도 우리의 부모들은 묘하게도 이 말을 마치 가정교육의 지침인양 사용한다.

"기죽지 마라."

이 말을 가만히 생각해보자. 결국 밖에 나가서 다른 사람이야 어떻게 되든 자기 자식만 기죽지 않고 잘살면 그것으로 만족한다는 말인가. 남의 자식이야 어떻게 되든 자기 자식만 기죽지 않고 활개치고 다니면 행복하다는 것인가.

하지만 이런 가정교육이 보편화되면 어떤 현상이 발생할까?

너도나도 기죽지 않으려고, 어떻게든 상대방을 꺾고 일어나기 위해서 이기적인 행동을 앞세우지 않을 수 없다. 그런 교육을 받고 자란 아이는 사회성이 무엇인지, 사회생활에서 대인관계가 무엇인지 근본적으로 잘못 이해한 상태에서 고등교육을 받는다. 그 결과 대학 이상의 학력을 갖춘 이른바 '지식인'의 대열에 끼기는 하지만, 근본적으로는 '기죽지 않고' 살아야 한다는 마음가짐이 바탕을 이루고 있기 때문에 자기보다 약한 사람, 자기보다 힘없는 사람을 배려하기는커녕 그들이 가지고 있는 몇 푼 안 되는 돈마저 강탈해서 자기 것을 만들기 위해 혈안이 되어 날뛴다.

또 그와 반대로 "다른 사람을 배려할 줄 아는 사람이 되라"는 지극히 사회적이고 이타적인 가정교육을 받고 자란 아이는 분명히 올바른 사고방식과 행동을 하면서도 '기죽지 말라'는 가정교육을 받은 아이들에 의해 자기가 배운 사회성과 대인관계에 대해 혼란을 느끼고 자신의 정의로운 행동에 회의를 느낀다. 이것은 결국 사회에서 인간성의 상실로 이어지게 된다.

이런 근본적인 문제들이 화합이 아닌 대립, 배려가 아닌 시기를 만들어내고 툭 하면 충돌을 일으키는 불안한 사회를 만든다.

아파트의 층간소음 문제도 마찬가지다. 아래층에 사는 사람은 위층에 사는 사람을 잘못 만나면 그 사람이 이사를 가지 않는 한 줄곧 엄청난 스트레스를 받아야 한다. 위층의 사람이 "내 집에서 내가 뛰는데 수슨 상관이냐."라고 주장한다면 굳이 교양을 논하

지 않더라도 정말 어이없는 사고방식이다. 아래층에 살고 있는 사람은 일방적으로 피해를 입을 수밖에 없지 않은가.

가끔 신문을 떠들썩하게 만드는 이웃간 살인사건은 바로 이런 그릇된 사고방식을 바탕으로 출발한 것이다.

게다가 요즘은 한 가정 한 자녀가 드물지 않다. 그래서인지 남을 배려하는 교육은 찾아보기 어렵고 먹고 살기 힘들었던 시절과 마찬가지로 '기죽지 말라'는 그릇된 가정교육이 더욱 활개를 치고 있는 것처럼 보인다.

아이들이 이런 식으로 자라기 때문에 단체생활을 하는 공간(유치원, 학교, 학원 등)에서는 먹을 것이 부족했던 시절과 다를 것이 없는, 오히려 더욱 심각한 아동 범죄가 매일 끊이지 않고 발생하는 것이다.

가해 학생의 부모이든 피해 학생의 부모이든 가정에서 자기 자녀에게 어떤 가정교육을 시켰는지 먼저 되돌아보아야 한다.


## 남을 배려할 줄 아는 아이가 더 안전하다

'기죽지 말라'는 가정교육이 문제가 많은 이유는 그것이 아동 범죄의 발단이 되는 경우가 많기 때문이다.

이기적으로 자란 아이가 남을 배려하는 일은 있을 수 없다. 게다가 성인처럼 마음은 내키지 않더라도 교양이나 사회논리 때문에 어쩔 수 없이 다른 사람을 배려하는 태도도 보이지 않는다. 따라서 아이는 가정에서 배운 대로 기죽지 않기 위해 자기주장을 앞세우고 선생님의 가르침에도 따르려 하지 않는다.

정상적인 가정교육을 받고 자란 아이가 수업시간에 선생님의 말씀에 집중하려 하면 잠을 자거나 소리를 지르는 식으로 자기가 하고 싶은 대로 그야말로 '기죽지 않고' 행동한다. 그리고 이런 아이들끼리 집단을 이루어 폭력적 성향을 띠면서 학생으로서 올바른 행동을 하는 아이들과 대립하는 양상을 보인다. 여기에서 약간이라도 독특한 복장, 독특한 신체조건, 독특한 행동을 하는 아이를 보면 즉시 '따돌림'의 대상으로 만들어 그 학생을 괴롭히는 것으로 우월감을 충족시키는 재료로 삼는다. 그야말로 '사회악'이 아닐 수 없다.

그리고 그런 우월감의 충족이 심화되면 마치 조직폭력배들이 자신의 영역을 장악하듯 학교 자체를 그런 영역으로 생각하여 금품을 갈취하고 학교의 대명사인 '학습' 자체를 훼방하는, 자신의 스트레스를 해소하는 장소로 만들어버린다. 범죄자도 이렇게 심각한 범죄자는 없다.

이런 아이가 자라면 어떻게 될 지는 불을 보듯 뻔한 일이다. 그런데도 그런 아이의 부모는 문제가 생겼을 때 학교에 찾아와 여전히 자기 자식이 '기죽지 않아야 한다'는 사고방식을 앞세워 큰소리친다.

다른 사람을 배려할 줄 모르는 아이는 성인으로 성장하는 과정에서 적어도 한두 번은 가해자의 입장이든 피해자의 입장이든 아동 범죄의 영역에 발을 들여놓게 된다. 그 이유는 자기밖에 모르는 이기심이 옳고 그른 판단을 내릴 수 있는 능력을 근본적으로 막아버리기 때문이다.

하지만 '다른 사람을 배려하는 사람이 되라'는 가정교육을 받고 자란 아이는 상대방이 처한 상황과 심리를 헤아릴 줄 안다. 따라서 학생 신분으로서 옳고 그른 행동을 기본적으로 이해하고 있고 위험한 장소와 그렇지 않은 장소를 구분할 줄 안다. 어떤 경우든 무조건 자기주장을 펴는 것이 아니라 상황에 따라 양보하고 타협하는 방식을 자연스럽게 터득한다. 이것은 굳이 부모가 각각의 상황을 설명하면서 가르치지 않아도 아이 스스로 터득하는 가장 바람직한 사회성이다.

사회는 혼자 살아가는 곳이 아니다. 사회에는 좋은 사람도 있고 나쁜 사람도 있다. 좋은 사람도 상황에 따라 나쁜 행동을 할 수 있고, 나쁜 사람 역시 경우에 따라 좋은 행동을 할 수 있다. 매 순간마다 올바른 판단을 내리는 것은 정말 어려운 일이다. 바로 그런 판단 능력을 갖추도록 이끌어주는 것이 부모의 역할이고 이것이 아동 범죄를 예방하는 가장 효과적인 수단이다.

"기죽지 말라"는 어이없는 교육방식은 배제하고 "다른 사람을 배려할 줄 아는 사람이 되라"는 교육방식을 잊어선 안 된다. 남을 배려하는 것이 결국은 자기 아이를 안전한 장소에서 키울 수 있는 기반이다.

# 버릇없는 아이일수록
# 범죄에 노출될 가능성이 높다

통계적으로 아동 범죄의 영역에 발을 들여놓는 아이들 대부분은 가정교육에 문제가 많다. 부모가 부모로서 역할을 제대로 하지 못하면 그 부족한 부분은 어느 누구도 채워줄 수 없다.

## 사람들의 눈살을 찌푸리게 만드는 아이

사회생활이 어떤 것인지, 왜 다른 사람을 배려해야 하는 것인지 근본적으로 이해하게 되면 사회에는 미소가 번질 것이다. 미소가 넘치는 사회에서 범죄가 발생할 가능성은 당연히 낮아진다.

아동 범죄가 일반 범죄와 다를 것이 없을 정도로 잔인하고 거칠어지는 배경에는 '시험'이라는 중압감에 의한 스트레스가 큰 요인을 차지한다. 인간적 교류 속에서 성장하면서 사회생활의 기본적인 규칙이나 행동양식을 배워야 하는 '학교'가 오직 시험을 목적으로 삼아 지식을 습득하는 단세포적인 장소로 전락하면서 학교의 명예는 사라져버렸다. 그리고 '친구'로서 서로를 이해하고 격려하고 의지해야 하는 대상이 '경쟁자'로 바뀌면서 서로를 감싸고 다독거리는 모습은 찾아보기 어렵게 되었다.

즉, 아이들은 어린 시절부터 가식적인 행동양식을 자연스럽게 갖추게 되는 것이다. 그 때문에 성인이 된 이후에도 '나만 잘살면 그만'이라는 사고방식, '이익이 없으면 베풀지 않는다'는 사고방식이 만연하게 되었다.

교양과 사회성을 습득해야 하는 학교에서도 그럴 지경이니 일반 공공장소에서는 더 말할 필요도 없을 것이다.

지하철을 예로 들어보자.

경로석에 앉아 계신 어르신을 비롯하여 다양한 사람들이 그 안에 타고 있다. 요즘에는 경제가 어려워서인지 사람들의 표정이 그리 밝지 않다. 그만큼 스트레스를 많이 받으면서 살고 있다는 반증이다. 그런 사람들 사이로 소리를 지르며 뛰어다니는 아이들이 있다. 장난감을 요란하게 울리면서 마치 전쟁터를 방불케 할 정도로 이리저리 뛰어다니면서 가뜩이나 찌푸린 사람들의 눈살을 더욱 찌푸리게 만든다. 보다 못한 어르신 한 분이 "조용히 좀 하자."하고 한마디 던진다. 그러자 즉시 아이 엄마의 불평이 튀어나온다.

"할아버지가 뭔데 남의 자식한테 이래라 저래라 하는 거예요!"

순간, 주변에 있던 모든 사람들의 시선이 아이 엄마에게로 쏠린다. 하지만 아이 엄마는 신경도 쓰지 않는다. 아이를 제지하기는

커녕 눈을 감은 채 모르는 척 뒤통수를 창문에 기댄다.

아이는 더욱 시끄럽게 날뛴다. 결국 중년의 남자 한 명이 소리를 지른다.

"야, 임마! 자리에 가서 조용히 앉아 있어!"

처음에 제지했던 어르신의 말투보다 당연히 거칠어져 있다. 순간, 아이 엄마의 눈이 번쩍 빛을 발한다.

"왜 우리 아이한테 소리를 질러요!"

이어서 여기저기에서 질타하고 비난하는 말투가 아이 엄마를 향해 날아간다. 그러자 아이 엄마는 마치 정신병자라도 되는 것처럼 소리를 지르며 악다구니를 친다.

지하철에서 가끔씩 볼 수 있는 우리 가정교육의 자화상이다.

이것은 지하철만의 문제가 아니다. 공공장소라면 어느 곳에서든 볼 수 있는 광경이다. 어떤 경우에는 그런 부모들끼리 자기 자식을 감싸면서 언성을 높이고 싸우는 경우도 있다. 주위 사람들의 눈에는 그야말로 정신병자들의 사이코드라마로 비친다.

이렇게 자란 아이가 아동 범죄의 가해자가 될 가능성이 높다는 것은 부정하기 어려울 것이다. 그런 사건이 발생할 경우, 그 부모들은 "그래도 피해를 당하는 것보다는 낫다"고 주장한다. 하지만 과연 그럴까?

가해자라고 해도 아동 범죄의 영역에 발을 들여놓은 뒤에는 반드시 피해자의 입장에 서게 된다. 아동 범죄에서는 가해자가 영원히 가해자로 남을 수는 없기 때문이다. 요즘에는 학교폭력도 조직적으로 이루어지는 경우가 많기 때문에 가해자가 된 학생은 자기보다 상급생, 또는 자기보다 힘이 강한 학생의 피해자가 되지 않을 수 없다. 설사 그 클래스에서 이른바 '짱' 이라고 해도 상급생을 대상으로 해서도 가해자의 입장에 서기는 어렵기 때문이다.

'다른 사람을 배려' 하는 가정교육의 중요성은 그 때문에 제기되는 것이다.


## 남에게 손가락질 받는 아이일수록
## 범죄에 노출될 가능성이 높다

다른 사람의 눈살을 찌푸리게 만들고 손가락질을 받으며 성장하는 아이는 정신적으로 늘 '나는 문제아인 것 같다' 는 불안감을 안고 살게 된다. 다른 아이들은 어른들에게 칭찬을 받고 사랑을 받는데 자기는 왠지 모르게 어른들이 야단만 치고 마치 더러운 물건을 보듯 대한다. 아이는 그 이유를 이해하지 못한다. 자신의 행동에 문제가 있는 것 같다는 짐작은 하지만 집에서는 아빠나 엄마가 모두 "걱정하지 말고 너 하고 싶은 대로 하라"고 말하기 때문에 혼란을 느끼지 않을 수 없다. 그러한 사고의 괴리 속에서 행동양식은 더욱 거칠어진다. 다른 어른들에 대한 반발심이 작용하면서 부모가 없는 자리에서는 왠지 모르게 위축되고 주눅이 들어버린다. 그 때문에 자신의 주장을 표현하는 능력은 갖추지 못하고 엄마와 마찬가지로 악다구니를 쓰는 버릇만 갖춘다.

앞뒤 가리지 않고 돌격만 해대는 폭력조직의 '행동대장'과 비슷한 양상을 띠게 되는 것이다. 이것은 사회적으로도 '악'에 해당하지만 본인의 인생에 있어서도 결코 도움이 되지 않는다.

판단능력은 폭 넓은 사고력을 바탕으로 만들어진다. 어느 한쪽에만 편중된 사고방식은 당연히 편중된 판단을 내리게 만든다. 자기 절제를 모르는 아이는 어떤 판단을 내려야 할 상황이 발생하면 기본적으로 이기적인 방향으로 판단을 내린다. 그것이 바람직한 결과를 가져올 것인지, 아니면 불행한 결과를 가져올 것인지를 아이는 생각할 줄 모른다.

가진 돈이 없어서 하고 싶은 일을 하지 못할 경우에는 얌전하고 착한 아이를 대상으로 금품을 갈취한다. 하지만 그 행동이 나쁘다고 생각하지 않는다. 엄마가 늘 '기죽지 말라'고 가르쳤으니까.

통계적으로 아동 범죄의 영역에 발을 들여놓는 아이들 대부분은 가정교육에 문제가 많다. 부모가 부모로서 역할을 제대로 하지 못하면 그 부족한 부분은 어느 누구도 채워줄 수 없다.

성인 사회를 생각해보자. 남에게 손가락질을 받는 사람이 올바른 사람이라고 말할 수 있을까. 아이들의 사회도 마찬가지다. 비난의 대상, 비판의 대상이 된다는 것은 인간으로서 자아가 올바르게 갖추어져 있지 않다는 뜻이다. 만약 자신의 아이가 이런 대상에 포함된다면 즉시 고쳐주어야 한다. 그렇지 않으면 아이는 부모에게도 이기적인 속성을 그대로 드러내고야 말 것이다.

# 2

# 학교도 안전한
# 장소는 아니다

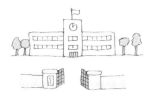

# 등하교 때
# 주의해야 할 점들

모르는 사람이 주는 음식은 함부로 먹지 않도록 지도해야 한다.
외국의 사례를 보면 수면제가 든 아이스크림을 받아먹은 아이가 정신을 잃자
납치를 한 경우도 있다.

## 친절하게 접근하는 사람에 대한 주의

대부분의 유괴 사건은 등하교 때 발생한다. 그 이유는 '학교'라는 단어가 주는 의미가 '안전'과 '교육', '믿을만한 선생님'이라는 이미지를 강하게 내포하고 있어서 부모 입장에서는 일단 그 단어에 얽매여 등하교 때 발생할 수 있는 위험을 망각하기 쉽기 때문이다.

그러나 등하교 때, 특히 방과 후에 집으로 돌아올 때가 범인이 노리는 가장 위험한 시간에 해당한다.

등하교 때에는 반드시 다음과 같은 사항들을 주의하도록 지도해야 한다.

1. 가능하면 혼자 다니지 않는다.

2. 한적한 골목길보다는 큰길을 이용한다.

3. 모르는 사람이 말을 걸어오면 설사 도움이 필요한 경우라고 해도 "학교에 가야 한다", "집에 빨리 가야 한다"며 상대하지 않도록 한다.

1의 경우에는 당연히 여러 명이 어울려 다니면 범인이 접근하기 어렵기 때문이다.

2의 경우 역시 사람들이 많이 다니는 큰길이 한적한 골목길보다는 범인이 접근하기 어렵기 때문이다.

3의 경우, '모르는 사람'이라는 범주에는 '친절한 사람'과 '위험한 사람'이 모두 포함된다. 따라서 아이들이 가장 판단하기 어려운 상황이다. 상대방이 어떤 사람인지 판단할만한 능력이 있다면 길을 물어본다거나 도움을 요청할 때 도와주는 것이 마땅하지만, 아이는 아직 그런 판단을 내리기 어려운 나이다. 가급적이면 어떤 상황에서든 혼자 동떨어진 행동은 하지 않도록 주의를 주어야 한다.

예를 들어, 친구들과 함께 집으로 돌아오다가 할머니가 길을 묻자 안내를 해드리려고 혼자 나서는 행동이다. 그럴 때는 친구들과 함께 움직여야 안전하다.

범인이 친절한 사람을 가장하여 접근하는 방법도 여러 가지가
있다.

　1. 길을 물어본다.

　2. 아픈 사람인 척하면서 도움을 요청한다.

　3. 설문지 등을 내세워 조사에 도움을 달라고 요청한다.

　4. 재미있는 게임이 출시되었는데 자동차까지 가서 받아가라고
유혹한다.

　5. 예쁘고 귀여우니 맛있는 음식을 사준다고 유혹한다.

이 밖에도 여러 가지 방법이 있는데, 특히 아이스크림 같은 걸 줄 때는 절대로 먹지 말도록 가르쳐야 한다. 모르는 사람이 주는 음식은 함부로 먹지 않도록 지도해야 한다.

외국의 사례를 보면 수면제가 든 아이스크림을 받아먹은 아이가 정신을 잃자 납치를 한 경우도 있다.

또한 아이들은 노인이나 젊은 여성에게 호감을 보이기 때문에 그런 사람들이 접근하면 마음을 놓고 대하는 경우가 많다. 하지만 노인이나 젊은 여성이라고 경계를 늦춰선 안 된다. 인상이 험악한 사람만 조심하라는 식의 지도보다는 모르는 사람은 일단 경계하라는 지도가 더 효과적이다.


## 자동차에 올라타는 위험성에 대한 주의

자동차를 이용하여 접근하는 범인도 있는데, 이 경우에는 상황이 매우 심각해질 수 있다. 아이가 자동차에 올라타는 순간 납치로 연결되기 때문이다.

범인들이 아이에게 접근하는 방식은 매우 다양한데, 그 대표적인 예가 부모를 이용하는 방법이다. 아버지가 사고를 당했다거나 어머니가 바빠서 데리러 올 수 없기 때문에 자기를 대신 보내 데려오라고 했다는 식으로 아이를 안심시킨 후 자동차로 유인하는 것이다. 이런 위험을 방지하기 위해서는 평소에 아이에게 그런 말에 현혹되지 않도록 주의를 주는 것이 좋다.

"엄마가 일이 있어서 데리러 가지 못할 때에는 친구들과 함께 와라. 혹시 다른 사람이 엄마가 보냈다고 말하면 절대로 믿지 마. 엄마는 사람을 대신 보내는 일은 하지 않을 거야. 알았지?"

이와 같이 확실하게 지도해두는 것이 안전을 위한 방편이다.

또 범인의 유혹을 거절할 때는 가능하면 주변에 있는 어른들에게 가까이 다가가 함께 걷거나 평소에 학교 주변에서 자주 이용하는 가게에 들어가 주인에게 이야기하도록 가르쳐주는 것도 효과적이다. 범인은 아이가 자신의 계획에 넘어오지 않으면 강제로 납치하는 경우도 있기 때문이다.

또 혹시라도 사고를 당할지 모르는 상황을 대비하여 자녀가 평소에 자주 어울리는 친구들의 부모와 자주 만나고 가능하면 집안 내에 친구들의 전화번호를 따로 적어두는 것이 좋다. 아울러 친구를 만나러 나갈 경우도 사전에 만나는 친구의 집 전화나 핸드폰 번호를 따로 적어 놓는다.

너무 늦도록 아이가 돌아오지 않을 경우, 아이의 소재를 즉시 파악하기 위한 조치이다.

# 따돌림을 당하는 이유

어떤 이유로든 아이가 잘못을 했을 때는 그 부분을 반성하고 다시 그런 잘못을 저지르지 않도록 분명하게 야단을 쳐야 한다.

## 함께 생활한다는 의식이 따돌림을 예방해준다

평소에 독단적이고 이기적인 아이, 또는 소심하고 마음이 약한 아이, 특별히 뛰어난 능력을 가진 아이일수록 따돌림을 당할 가능성이 높다. 그 저변에 깔려 있는 원인은 결국 다른 아이들과 친밀한 관계성, 함께 생활한다는 공동체 의식의 부족이다.

따라서 학교에서 친구들에게 따돌림을 당하지 않게 하려면 다음과 같은 지도가 필요하다.

①특별한 친밀감을 유지하는 친구를 최소한 두 명 이상 만들게 한다

특별한 관계를 유지하는 친구들인 경우에는 설사 자녀가 따돌림을 당하는 상황이 발생하더라도 곁에 있어 주어 자녀가 외톨이가 되지 않기 때문이다.

②겸손한 태도, 이해심 많은 태도를 갖춘 너그러운 성품을 갖추도록 지도한다

자신의 능력을 감출 줄 알고 다른 사람의 입장을 이해할 줄 아는 아이는 어른의 세계와 마찬가지로 아이들 세계에서도 인기를 얻을 수 있다. 다양한 교우관계가 형성되면 따돌림을 당하는 일은 거의 없다.

③한 가지 이상의 특별한 능력을 갖추도록 해 준다

공부를 매우 잘한다거나 피아노를 잘 친다거나 태권도를 잘하는 식으로 특별한 능력을 한 가지 이상 갖춘 아이는 아이들의 선망의 대상이 될 수 있다. 따라서 가능하면 특기를 한 가지 이상 갖추도록 해 준다. 단, 이 경우에는 2.의 겸손한 태도와 이해심 많은 태도를 병행해서 갖추도록 지도해야 한다.

④예의 바른 아이가 되도록 지도한다

예의 바른 아이는 어디를 가나 어른들의 사랑을 받는다. 학교

라면 선생님이 어른에 해당한다. 선생님의 사랑을 받는 아이는 따돌림의 대상이 될 가능성도 높지만 그만큼 보호의 대상이기도 하다. 이 경우에도 역시 자만심을 가지지 않도록 지도하는 것이 중요하다.

**⑤옳고 그름을 명확하게 구분할 줄 아는 아이로 지도한다**

따돌림을 받는 이유 중의 하나는 '이것도 아니고 저것도 아닌' 우유부단한 태도다. 옳고 그름을 기준으로 확실하게 행동하는 아이는 절반의 적을 만들기는 해도 전체의 따돌림을 받지는 않는다. 클래스 전체의 사랑을 받는다는 것은 매우 어려운 일이기 때문에 절반의 적을 만든다는 것은 그다지 나쁜 결과는 아니다. 자기편도 절반이니까. 그 기준점이 되는 것은 옳고 그른 판단에 근거하여 분별력 있게 행동하는 모습을 친구들에게 보이는 것이다.

대부분의 경우에는 초등학교 동창들이 중학교, 고등학교를 함께 다니게 된다. 이사를 가지 않는 한 그 지역에서 계속 공부하게 되기 때문이다. 따라서 초등학교에서 어떤 인간관계를 구축하는가 하는 것이 그 이후의 학창생활 전체에 큰 영향을 끼친다. 그렇기 때문에 따돌림은 초등학교 때에 미리 예방해야 한다.

## 소극적인 성격을 적극적인 성격으로

아이들의 세계에서는 평범하지 않은 학생은 모두 따돌림의 대상이 될 수 있다. 단, 그것이 특기인 경우에는 선망의 대상에도 포함되기 때문에 친구도 있고 적도 있을 수 있다는 점이 이른바 '왕따' 와는 구분이 된다.

요즘 흔히 사용되는 '왕따' 의 대상은 대부분이 힘이 없고 나약하거나 소심하고 소극적인 아이다.

아이들의 세계는 '집단의식' 이 매우 강하기 때문에 같은 반 친구들이 A라는 아이를 싫어하면 자기는 그다지 나쁘다고 생각하

지 않으면서도 다른 친구들과 다른 행동을 하는 것이 두려워 자기도 모르게 그 분위기에 휩쓸리면서 A를 따돌리는 행동을 한다. 이것은 '주변인'으로 불리는 청소년기, 즉 중학교나 고등학교에서 더욱 강하게 나타나는 현상이다.

그 때문에 부모는 적극적이고 긍정적인 사고방식을 가진 아이가 되도록 지도해야 한다.

부모의 입장에서 보면 자녀는 항상 불안하고 돌봐주어야 하는 대상이기 때문에 마치 온실에서 화초를 재배하듯 감싸고도는 경향이 많은데 이런 아이일수록 부모에게 의지하는 마음이 강하기 때문에 학교에서도 누군가가 자기를 감싸주고 보살펴주기를 바란다. 그 때문에 이기적인 아이, 자기밖에 모르는 아이, 공주병(왕자병)에 걸린 아이라는 인식을 심어주게 되고 그것이 계기가 되어 친구들에게 따돌림을 당한다. 이른바 '왕따'의 대상이 되는 아이들 대부분은 이 경우에 해당한다.

결국 어떤 면에서 보면 부모가 아이를 '왕따'로 만드는 것이라고 말할 수도 있다.

아이들의 세계는 냉정하다. 자기가 할 일을 하지 않는 아이, 늘 누군가의 도움을 바라는 아이는 다른 아이들의 입장에서 보면 무언가 부족한 아이로 비칠 수밖에 없다. 그래서 우습게 보이고 그것이 집단적으로 통일될 경우, 따돌림을 당하게 되는 것이다.

이런 결과를 낳게 되는 이유는 어린 시절의 교육에서 찾아볼 수 있다. 식당에서 뛰어다니는 아이를 감싸고도는 부모, 다른 사람에게 피해를 주는 아이를 기죽이지 않는다는 이유에서 다독거리는 부모는 결과적으로 그 아이가 학교에 다니게 되었을 때에 '왕따'를 당하도록 유도하는 것이다.

어떤 이유로든 아이가 잘못을 했을 때는 그 부분을 반성하고 다시 그런 잘못을 저지르지 않도록 분명하게 야단을 쳐야 한다. 그렇지 않으면 아이는 집에서는 그렇게 행동해도 아무렇지 않았는데 학교에서는 왜 자기가 나쁜 아이가 되는 것인지 이해하지 못하기 때문에 자연스럽게 '왕따'의 대상이 되거나 본인 스스로 학교에 다니기 싫다는 나약한 결론을 내리게 된다.

어린 시절의 예절 교육은 이처럼 다방면에 걸쳐 영향을 끼치기 때문에 중요하다.

# 따돌림을
# 당했을 때의 대책

'왕따' 라는 상황 속에서 고통을 감수하면서 나름대로 적응하기 위해 노력하는
것이 중요할까, 아니면 학교를 그만두더라도 아이에게 새로운 환경과 새로운
자신감을 심어주기 위해 노력하는 것이 중요할까?


## 반드시 학교를 다녀야 할 필요는 없다


어떤 이유에서든 자녀가 따돌림을 당하게 된다면 문제는 이미
발생한 것이다. 따라서 이제 와서 무언가를 새로 바꾼다는 것은
소 잃고 외양간 고치는 격이다.

그렇다면 어떻게 대처해야 할까?

이 경우에는 부모의 의식을 바꾸는 것이 중요하다. 일단, 현재
의 상황을 판단해 본다.


1. 아이가 따돌림을 당한 이유는 무엇인가?

2. 따돌림을 당한 상황을 반전시킬 수 있을까?

3. 현재 다니고 있는 학교에 계속 보내야 할까, 아니면 전학을 시켜야 할까?

4. 전학을 시킬 경우, 아이가 또 따돌림을 당할 가능성은 없을까?

5. 아이의 정신적 충격은 어느 정도인가?

6. 학교가 아닌 다른 선택의 여지는 없을까?

7. 전체적인 상황을 반전시켜 아이의 정신적 충격과 소외감을 해소할 수 있는 방법은 없을까?


1의 경우에는 아이의 눈높이에서 마음을 터놓고 대화를 나누는 것이 중요하다. 그리고 나머지 부분은 전적으로 부모의 판단이다. 가장 중요한 것은 아이의 정신적 충격을 최소화하면서 현재의 상황을 반전시킬 수 있는 방법을 모색하는 것인데, 이 부분에서 대다수 부모들의 생각이 '학교는 반드시 다녀야 한다'는 사고방식이다.

아이는 이미 학교라는 울타리 안에서 따돌림의 대상이 되었다. 그것을 반전시킬 수 있는 여지가 남아 있거나 아이의 성격이 워낙 강해서 스스로 돌파할 수 있는 능력이 갖추어져 있는 경우라면 문제가 되지 않을 것이다.

문제는 아이에게 현재의 상황을 돌파하거나 반전시킬 능력이 전혀 없는 경우이다. 이런 상황에 처한 아이에게, "그래도 학교는 다녀야 한다"고 지도한다면 아이를 지옥으로 내모는 것과 같은 꼴이다. 아이는 시간이 흐를수록 대인공포증을 비롯한 정신적 충격이 심화되고 심각한 상태에 빠진다.

여기에서 잠깐 '인생'에 대해 생각해보자. 인생에서 '학교에 다니는 것'보다 중요한 것은 없을까?

'왕따'라는 상황 속에서 고통을 감수하면서 나름대로 적응하기 위해 노력하는 것이 중요할까, 아니면 학교를 그만두더라도 아이에게 새로운 환경과 새로운 자신감을 심어주기 위해 노력하는 것이 중요할까?

학교는 지식을 쌓는 동시에 사회생활을 배우고 준비하는 장소이다. 그런데 이미 사회생활을 배울 기회가 사라져버렸다. 아이의 머리에는 이미 사회에 대한 편견과 불신, 배신감이 자리 잡고 있다.

따라서 사회에 대한 관점을 반전시킬 수 없는 상황이라면, 아이가 정말 힘들어하는 상황이라면, 과감하게 학교를 그만두는 방법도 생각할 수 있다. 이것은 아이와 진실한 대화를 통해 결정해야 할 문제다. 무조건 그만두게 하는 것이 아니라 아이와 의논을 하면서 아이의 생각, 지금 상황에 대한 인식, 아이가 겪고 있는 고통 등을 진지하게 받아들여 도저히 반전이 불가능하다고 판단될 때에는 학교를 그만두게 한다.

그리고 아이의 상태가 심각하지 않다면 학원에 다니면서 검정고시를 준비하게 한다. 만약 아이의 상태가 생각보다 심각하다면 이사를 한 뒤에 개인교습을 통하여 검정고시를 준비하는 방법도 있다. 생활에 여유가 있다면 유학을 고려할 수도 있다.

중요한 점은, 아이가 심각한 상황에 놓여 있는 데도 무슨 일이 있어도 학교는 다녀야 한다는 고정관념에 사로잡혀 있어서는 안 된다는 것이다. 물론, 학교는 당연히 중요하다. 그러나 그보다 중요한 것은 우리의 아이다.

학부모들과 이야기를 나누다 보면 학교를 그만두는 문제에 이르면 대부분 '말도 안 되는 소리'라고 받아들인다. 그 결과 아이의 충격은 더욱 심해지고 사회에 대한 불신감이 심화되어 성인이 된 이후에도 사회생활에 적응을 하지 못하는 매우 심각한 상태에

빠뜨린다.

학교는 선택사항이지 의무사항이 아니라는 점을 잊지 말자. 중요한 것은 정신적인 충격을 받은 아이이지 학교가 아니다.


## 아이에게 자유로운 선택의 기회를 줘라


아이에게 어떤 문제가 발생했을 때, 부모는 자신의 경험을 토대로 자신의 입장에서 주입식 지도를 하는 경우가 많다.

앞에서 설명했지만 학교에서 따돌림을 당하여 심각한 고민에 빠져 있는 아이에게 '무슨 일이 있어도 학교는 다녀야 한다'는 사고방식을 주입하면 아이는 자신의 상황과 현실을 이해하지 못하는 부모에게 더 이상 입을 열지 않는다. 이것은 직장에 회의를 느낀 남성에게 먹고 살려면 무슨 일이 있어도 그 직장에 계속 다녀야 한다고 강요하는 것과 비슷한 의미일 수 있다.

사람은 각자 생각이 다르다. 아이가 '학교에 다니기 싫다'고 말을 했을 때에는 나름대로 이유가 있다. 그런데도 '학교'라는 단어에 집착하여 무슨 일이 있어도 학교는 다녀야 한다는 생각을 바탕에 깔아두고 이야기한다면 아이는 부모가 자기를 이해하지 못한다는 판단을 내리고 더 이상 입을 열지 않게 되는 것이다.

따라서 아이에게 문제가 발생했을 때에는 아이가 마음을 털어놓고 이야기할 수 있는 환경과 분위기를 만들어주어야 한다.

그리고 그 이전에, 평소에 아이와 눈높이를 맞추어 대화하고 아이의 의견을 존중하는 모습을 보여주는 것이 중요하다. 평소에는 강압적이고 독단적이었던 부모가 무슨 문제가 발생하자 갑자기 태도를 바꾸어 마음 편하게 이야기하라고 해도 아이는 그런 부모에게 입을 열지 않는다. 이것 역시 평소의 가정교육과 관련이 있는 문제다.

아이가 마음을 열고 대화를 하기 시작했다면 각각의 상황을 객관적으로 이해시켜 주고 선택의 기회를 준다.

아이가 전학을 가고 싶다고 말한다면 전학을 갈 경우에 발생하는 문제점과 장단점을 설명해준다. 또, 아예 학교를 그만두고 싶다고 말한다면 그 경우에 발생하는 문제점과 장단점을 설명해준다. 이 때 주의해야 할 점은 단점만을 앞세워서는 안 된다는 것이다. 어떤 경우이든 단점이 있으면 장점도 있다. 따라서 장점과 단점을 객관적으로 설명해주라는 의미다.

부모의 판단을 기준으로 '무슨 일이 있어도 학교는 다녀야 한다'는 전제조건 아래에서는 학교를 그만두게 될 경우의 장단점을 설명할 때 아무래도 단점을 앞세우기 쉽다. 그런 설명은 아무런 의미가 없다. 학교를 그만두고 혼자 공부할 때의 장점에 대해서도 반드시 설명해주고 마음 편하게 선택할 수 있는 여건을 마련해주는 것이 무엇보다 중요하다.

"학교를 그만두고 싶다고? 그래. 그럼 그 장점과 단점에 대해 생각해볼까? 학교를 그만두면 친구들하고 어울릴 기회가 줄어들고 다른 아이들과 다른 독특한 아이라는 인상을 심어줄 수 있어. 학교는 지식을 배우는 장소이기도 하지만 사회생활을 배우는 장소이기도 해. 그런데 학교에 다니지 않으면 아무래도 외톨이라는 느낌이 더 들지 않겠니?"

일단 아이의 마음이 어느 정도 확고한지 판단해보는 것이다.

"아니, 그래도 그만둘래."

"그래. 그럼 장점을 생각해보자. 사실 학교에 꼭 다닐 필요는 없는 거야. 다른 사람들이 그렇게 한다고 나도 그렇게 해야 할 필요는 없거든. 엄마도 사실 학교에 다니기 싫었던 적이 있었단다. 요즘에는 조용한 시골에서 가족끼리 오순도순 살면서 혼자 공부하는 아이들도 있어. 그렇게 공부해서 검정고시를 볼 수도 있고. 조금 외롭기는 하지만 그것도 나쁜 것만은 아냐. 엄마는 너를 믿으니까 네 선택에 맡길게. 단, 이건 약속해 줘야 한다. 너를 미워하고 괴롭히는 친구들이 밉지? 그러니까 어떻게든 그 친구들보다 나은 사람이 되어야 하지 않겠니? 네가 훌륭한 사람이 되면 그 친구들도 다시 돌아올 거야. 그 친구들도 너처럼 아직 어린 나이이기 때문에 옳고 그른 걸 잘 몰라서 너한테 함부로 대했을 거야. 그러니까 혼자 공부하더라도 열심히 노력해서 학교에 다니는 아이들 못지않게 훌륭한 사람이 되어야 한다. 그건 약속할 수 있지?"

이렇게 자연스럽게 아이의 뜻을 따르는 결론을 내리는 것이다.

이런 대화는 아이에게 부모야말로 가장 믿음직한 후원자라는 신뢰를 심어줄 수 있을 뿐 아니라 '학교'라는 울타리에서 제외되었을 경우에 발생할 수 있는 충격을 줄여주는 등 다양한 효과를 거둘 수 있다.

상식적으로 보면 학교는 당연히 중요한 장소다. 단, 이 경우에는 이미 아이가 학교에서 상처를 입고 정신적으로 소외된 느낌을 받았기 때문에 상황이 다르다. 어떤 상황이든 아이의 입장에서 생각하고 이해하는 것이 아이에게 2차, 3차의 충격을 주지 않을 수 있는, 나아가 과거의 충격에서 벗어날 수 있는 계기를 마련하는 초석이다.

# 학교는 공부를 가르치는 곳이지
# 자녀를 책임지는 곳이 아니다

제멋대로 자란 아이는 다른 사람에게 피해를 주는 결과로 이어지는데, 경우에 따라 피해학생보다 가해학생이 나중에 정신적으로 더 큰 문제를 끌어안게 될 수도 있다.

## 학교에 대한 어른들의 착각

학교에 대한 어른들의 그릇된 사고방식을 하나 소개해보자.

학부모들은 아이를 학교에만 보내면 학교에서 아이에 대한 모든 것을 다 책임져 줄 것이라고 착각한다. 그런 인식을 가지는 것은 대단히 큰 문제이다.

이런 식으로 교사와 말다툼을 하는 부모들이 있다.

"학교가 뭐하는 곳이에요? 아이를 맡겼으면 책임지고 지켜주어야 하잖아요!"

"선생님이면 선생님답게 자기가 담당하고 있는 학생의 안전에 대해서도 신경을 써야 하는 것 아닌가요? 아이가 따돌림을 당하고 있는데 선생님은 대체 뭘 한 거예요?"

아이의 신상에 어떤 문제가 발생하면 부모의 입장에서는 학교와 선생님을 원망하지 않을 수 없다. 하지만 학교에는 수백 수천 명의 아이들이 있다. 선생님은 적어도 2,30명의 학생을 관리하고 지도해야 한다. 게다가 선생님은 근본적으로 학과목을 지도하는 것이 주된 임무이지 아이의 안전을 책임지는 것이 주된 임무는 아니다. 물론 철없는 학생들을 지도하는 위치에 서 있는 이상, 안전에도 당연히 신경을 써야 한다. 그러나 능력과 시간에 한계가 있다.

어떤 부모는 망나니 같은 자식을 학교에 맡겨놓고 아이의 심성까지 고쳐주리라고 기대한다. 가정에서 제멋대로 키운 아이를 공동생활을 하는 학교에 맡긴다는 것 자체가 자식 교육을 잘못 시킨 부모의 입장에서 고개를 숙이고 부탁해야 할 상황인데도 오히려 예절교육은 학교에서 시키면 된다는 식으로 아이의 모든 문제를 학교에 떠맡긴다. 이런 아이들이 학교에서 문제아가 된다. 그리고 더 큰 문제는 이런 학생들이 일으키는 문제는 대부분 다른 학생들을 방해하고 위협하는 결과로 이어진다는 점이다.

부모는 부모다워야 한다. 자식을 낳았으면 그 자식의 기본적인 예절, 성품, 사회생활을 하기에 적합한 교양 등을 갖추도록 가르치는 것이 당연하다. 그런데도 마치 애완견을 키우듯 제멋대로 키워놓고 문제가 발생하면 학교를 탓하고 선생님에게 책임을 전가

한다. 한마디로 말하면 부모의 자격이 없는 사람이 부모가 된 것이다. 더 큰 문제는 이런 부모들이 적지 않다는 사실이다.

앞에서도 설명했지만 '기죽지 말라'는 가정교육만큼 사회를 파괴시키는 그릇된 교육은 없다. 그런 아이를 학교에 보내면 당연히 기죽지 않기 위해 옳고 그른 것은 제쳐두고 이기적이고 독단적인 행동을 하게 된다. 다른 선량한 학생들에게 피해를 주는 문제아가 되는 것이다. 그런데 그런 아이를 학교에 맡겨놓고 선생님에게 책임지라니, 정말 어이없는 사고방식이 아닐 수 없다.

반대로, 마치 온실에서 재배한 화초처럼 자란 아이도 마찬가지다. 세상에는 다양한 사람들이 있고 그 다양한 사람들을 상대하면서 살아야 하는 것이 인생이다. 잘못된 부분이 있으면 반성하고 옳지 않은 일을 보면 옳지 않다고 말할 수 있는 판단이 분명한 아이로 키워야 하는데, 어떤 행동을 해도 감싸주고 다독거리기만 하다보니 그런 아이가 학교에 가면 적응하지 못하는 것은 당연하다.

학교는 공부를 가르치는 곳이지 아이를 책임지는 곳이 아니다. 아이가 성인이 되기 전에는 아이에 대한 책임은 기본적으로 부모에게 있다. 바로 이 점을 간과하고 아이를 키우기 때문에 학교에서 다양한 문제들이 발생하는 것이다.

# 아이의 안전에 대한 책임은 기본적으로 부모에게 있다

학교에서 발생하는 아이의 안전 문제의 기본적인 책임이 왜 부모에게 있는지 살펴보자.

1. 주의산만형(식당에서 제멋대로 뛰어다니거나 공공장소에서 다른 사람에게 피해를 주면서 자란 아이)

→ 독단적이고 이기적인 성격이 형성되고 부모가 없을 때에는 다른 사람의 눈치를 살피는 태도를 보인다.

→ 학교에 들어가서 자신의 뜻대로 행동하지 못하게 되면 반항적인 태도를 보이거나 폭력적인 성향을 드러낸다.

→ 주위가 산만해서 다른 학생들의 공부를 방해한다.

→ 모든 문제를 부모에게 의지하면서 자랐기 때문에 스스로 문제를 해결하는 능력이 부족하다.

→ 규칙적인 생활에 익숙하지 않아 학교생활에 적응하기 어렵다.

▶ 결과 : 폭력적 문제아. ADHD(주의력 결핍) 등

2. 온실속화초형(부모의 과보호에 의해 온실의 식물처럼 자란 아이)

→ 조금만 시끄럽거나 강한 모습을 보이면 즉시 위축되고 움츠리는 소극적인 태도를 보인다.

→ 학교에 들어가서 선생님의 관심을 받지 못하면 소외감을 견디
　지 못하여 공부에 집중력을 보이지 않는다.

→ 늘 칭찬만 들으려 하는 반면에 질투가 심해서 자기는 다른 사
　람을 칭찬할 줄 모른다.

→ 1등이 되어야 한다는 강박관념 때문에 어떤 일에서든 자기중
　심적으로 생각하고 판단한다.

　▶결과 : 대인 기피 현상, 따돌림의 대상. 등교 거부.


　3. 제멋대로형(기본적인 예절이 갖추어져 있지 않은 아이)

→ 어른과 아이의 관계성에 관한 기본적인 개념이 제대로 갖추어
　져 있지 않기 때문에 개인적 성향이 강한 태도를 보인다.

→ 학교 규칙에 적응하기 어렵고 자기가 하고 싶은 대로 행동하려
　한다.

→ 객관적인 판단보다는 자기중심적인 판단이 앞서 선생님에 대
　하여 수평적인 관계로 인식한다.

　▶결과 : 자기중심적 태도, 배려와 이해가 부족한 이기적 성향.
　따돌림의 대상.


　이 밖에도 예를 들자면 끝이 없겠지만 기본적으로는 이 세 가지
로 분류할 수 있으며 이런 유형을 가진 아이들이 대체적으로 범죄

의 피해자가 될 가능성이 높다. 여기에서 가장 큰 문제아는 제멋대로 자란 1번에 해당하는 경우다. 아이 본인만의 문제가 아니라 다른 사람에게 피해를 주는 결과로 이어지기 때문이다. 어떤 의미에서는 피해학생보다 가해학생이 나중에 정신적으로 더 큰 문제를 끌어안게 될 수도 있다.

# 3

# 아이를
# 위협하는 장소들

# 놀이터 안전수칙

통계에 의하면 범인이 범행을 저지르기 가장 좋은 시간이 5시 전후라고 한다. 범인의 입장에서 볼 때, 밝은 대낮보다는 주위가 어둑어둑해지는 저녁 무렵이 안정감을 느낄 수 있는 시간대에 해당한다.

## 안전한 놀이터, 위험한 놀이터

폭 넓은 의미에서 놀이터라고 하지만 아이들의 놀이터가 되는 장소는 공원, 운동장, 아파트 단지 내의 놀이터 등 꽤 다양하다. 아이들이 자동차의 통행에 방해를 받지 않고 자유롭게 뛰놀 수 있는 장소를 모두 놀이터로 생각하기로 하자. 그런 놀이터는 기본적으로 안전한 놀이터와 위험한 놀이터로 구분할 수 있는데, 어떤 놀이터가 안전하고 어떤 놀이터가 위험한지 구분해보기로 하자.

### 안전한 놀이터

1. 사방의 도로나 주택에서 훤히 들여다보이는 놀이터 : 사람들

의 눈에 띄기 쉽다는 점에서 안전하다.

2. 주위가 울타리나 담장으로 둘러쳐져 있고 출입구가 한정되어 있는 놀이터 : 출입이 쉽지 않고 출입하는 장소가 한정되어 있다는 점에서 범인이 쉽게 드나들 수 없기 때문에 안전하다.

3. 주변에 문화회관 등, 사람들의 출입이 잦은 건물이나 시설이 있는 놀이터 : 역시 사람들의 눈에 띄기 쉽다는 점에서 범인이 함부로 드나들기 어렵다.


**위험한 놀이터**

1. 무성한 숲 가운데에 위치한 놀이터 : 나무에 둘러싸인 놀이터는 인접해 있는 도로에서도 그 내부의 상황이 보이지 않기 때문에 그 안에서 무슨 일이 벌어지고 있는지 전혀 보이지 않는다. 특히 공원은 범죄자가 몸을 숨기기에 적당하다. 따라서 가능하면 이런 놀이터에는 가지 않도록 주의를 주어야 한다.

2. 평소에 사람들의 출입이 적은 놀이터 : 사람들의 출입이 적다는 것은 한적하다는 의미이니까 당연히 위험한 장소에 해당한다. 이런 놀이터에는 늘 불량학생이 모이기 때문에 아이가 보고 배울 것도 없다.


부모는 평소에 주변에 있는 놀이터를 돌아보고 어느 곳이 안전한 놀이터인지 확인한 후 아이에게 그런 놀이터에 가서 놀도록 지도해야 한다. 위험한 놀이터라는 판단이 내려진 곳에 대해서는 그 위험성을 구체적으로 설명해주도록 하자.

아이가 자주 놀러 가는 놀이터를 미리 확인해두면 설사 무슨 일이 발생한다고 해도 찾기 쉽다는 장점도 있다.

## 혼자 노는 아이는 위험하다

놀이터에서는 가능하면 혼자 놀지 않도록 주의시켜야 한다. 놀이터에서 혼자 놀고 있는 아이를 보면 범인은 다음과 같은 생각을 한다.

1. 부모가 맞벌이를 하기 때문에 혼자 있기 싫어서 나와 있는 것이다. 또 아이가 사라져도 그 사실이 알려질 때까지 오랜 시간이 걸린다.

2. 혼자 논다는 것은 친구가 없다는 뜻이며 그것은 곧 외로운 아이일 가능성이 높다. 따라서 친절하게 접근하면 유혹하기 쉽다.

3. 부모에게 안전 수칙에 관한 교육을 제대로 받지 않은 아이일 가능성이 높다.

그렇기 때문에 범인은 혼자 있는 아이를 표적으로 삼는다. 놀이터 뿐 아니라 어떤 장소에서든 가능하면 혼자 있지 않는 것이 안전하다. 범인도 사람인 이상, 범행을 저지를 때 당연히 두려움을 느낀다. 그런 두려움을 배가시키는 것이 아이를 지켜주는 사람이다. 어떤 경우든 항상 친구들과 함께 어울릴 수 있도록 평소에 주의를 주는 것이 좋다.

맞벌이 부부라서 어쩔 수 없이 아이가 혼자 있어야 한다면 평소에 아이의 친구들을 집으로 자주 초대해서 사이좋게 어울려 놀 수 있도록(가능하면 늘 붙어 다니는 친구가 될 수 있도록) 배려해두는 것이 좋다. 아울러 친구들과 놀이터에 놀러간다고 할 때 역시 함께 가는 아이들 이름과 그 중 한 명의 전화번호를 메모해 둔다.

아이는 무리지어 있을 때가 가장 안전하다.


## 어둠이 깔리는 저녁에는 절대 놀이터에 내보내지 마라


어둠이 깔리는 시간에는 가급적 아이를 내보내지 않는다. 아이들은 기본적으로 오후 2시에서 5시 정도까지 외부에서 활동을 한다. 따라서 시간대로 보면 이 시간은 많은 아이들이 놀이터에 몰리기 때문에 비교적 안전하다고 할 수 있다. 그러나 5시 이후에는 부모가 동행하지 않는 한, 아이 혼자는 절대로 내보내지 말아야 한다. 설사 친구들과 함께 어울린다고 해도 가능하면 어둠이 깔리는 저녁에는 내보내지 않는 것이 좋다.

어둠이 깔리는 저녁에는 육안으로 사물을 구분하기 어렵고 그늘진 곳에서 발생하는 일은 거의 알아볼 수 없다. 즉, 사람들의 눈에 띄기 어렵다.

통계에 의하면 범인이 범행을 저지르기 가장 좋은 시간이 5시 전후라고 한다. 범인의 입장에서 볼 때, 밝은 대낮보다는 주위가 어둑어둑해지는 저녁 무렵이 안정감을 느낄 수 있는 시간대에 해당한다.

즉, 범행에 대한 두려움이 그만큼 사라지는 것이다. 따라서 어둠이 깔리는 저녁에는 가능하면 놀이터에는 내보내지 않는 것이 바람직하다.

# 공중화장실의 위험성

공중화장실은 가능하면 이용하지 않도록 평소에 아이에게 주의를 주어야 한다.
만약 어쩔 수 없이 화장실을 이용해야 하는 경우에는 반드시 친구와 함께 사용
하도록 지도해야 한다.

## 공중화장실은 범죄의 온상

공중화장실은 성인들의 입장에서도 안전하지 않은 장소다. 특
히 한적한 장소에 위치한 공중화장실은 강간, 강도, 몰래카메라,
폭력 등 여성들의 입장에서 특히 위험한 장소에 해당한다. 얼마
전에는 지방의 한 공중화장실에서 어린 여자아이만을 골라 10회
가량 성추행을 하다 구속된 사례도 있다.

대부분의 경우, 아이가 한적한 장소에 있는 공중화장실을 혼자
서 사용할 일은 거의 없지만 친구들과 놀러 나갔다가 돌아오는 길
에 들르게 되는 경우는 얼마든지 있을 수 있다. 그런데 바로 그런
상황에서 불미스러운 사건에 휘말릴 가능성이 있다.

따라서 공중화장실은 가능하면 이용하지 않도록 평소에 아이에게 주의를 주어야 한다. 만약 어쩔 수 없이 화장실을 이용해야 하는 경우에는 반드시 친구와 함께 사용하도록 지도해야 한다.

어떤 경우든 혼자 있을 때보다는 여럿이 어울려 다닐 때가 보다 안전하기 때문이다. 어쩔 수 없이 공중화장실을 이용해야 할 경우의 수칙은 다음과 같다.

1. 가능하면 친구와 함께 이용한다.

2. 밖에서 보았을 때 지저분하고 음침한 분위기를 풍기는 공중화장실은 절대로 이용하지 않는다.

3. 가능하면 지나가던 어른이 이용할 때를 기다렸다가 함께 들어가도록 한다.

4. 근처에 경찰관이 있다면 화장실에 데려다 달라고 부탁해서 이용하도록 한다(이것은 경찰에게 친근감을 느끼게 할 수 있는 좋은 교육방법이기도 하다).

## 공원이나 지하철의 공중화장실도 안전하지 않다

공원이나 지하철의 공중화장실은 많은 사람들이 이용하는 곳이라는 점 때문에 안전하다고 생각할 수 있다. 그러나 이런 화장실도 위험은 도사리고 있다.

공원에는 여러 개의 화장실이 있다. 그 중에서 한적한 장소에 위치해 있는 화장실은 사람들의 눈에 띄지 않는다는 점에서 역시 안전을 보장받기 어렵다. 지하철의 공중화장실 역시 사람들이 많이 모이는 장소이기는 하지만 외부와 차단되어 있다는 점에서는 안전을 보장받기 어렵다. 따라서 공원이나 지하철의 공중화장실을 이용할 때에도 일반적인 공중화장실을 이용할 때와 비슷한 수칙을 지켜야 할 필요가 있다.

가능하면 아이 혼자는 공중화장실을 이용하지 않도록 주의를 주는 것이 가장 바람직하다.

# 장소별로
# 조심해야 할 것들

부모는 아이들에게 집밖으로 나갈 때에는 반드시 그 장소를 알리고 나가도록 습관화시키는 것도 필요하다. 아이들은 평소의 부모의 행동과 표정을 머리 속에 인식하고 가능하면 거스르지 않으려고 노력하는 습성이 있다.

## 공터나 공사장 주변

아이들은 자기들만의 '비밀의 장소'를 좋아한다. 골목마다 자동차들이 즐비하게 주차되어 있고 조금만 소음을 내도 어른들에게 호된 꾸지람을 들어야 하는 도시에서 생활하는 아이들의 입장에서는 그런 장소가 더욱 필요하다. 그 대표적인 예가 공터나 공사장 주변이다.

아이들이 이런 장소를 좋아하는 이유는 자기들 이외에는 아무도 없다는 이유에서 비밀스런 체험을 할 수 있기 때문이다. 그러나 아무도 없기 때문에 범죄가 발생할 가능성이 더 높다는 사실은 깨닫지 못한다. 따라서 부모는 아이들에게 안전교육을 할 때 공터나 공사장처럼 다른 사람들의 눈에 띄지 않는 장소, 다른 사람들이 쉽게 드나들지 않는 장소의 위험성을 잘 가르쳐주어야 한다. 그런 한편으로 집밖으로 나갈 때에는 반드시 그 장소를 알리고 나가도록 습관화시키는 것도 필요하다.

공사장이 특별히 위험한 이유는 범행에 노출될 가능성 이외에 위험한 물건들이 많기 때문이다. 아이들의 입장에서는 신기한 물건들이 많이 있기 때문에 마치 '신비의 동산' 처럼 여겨질 수도 있지만 부상을 당할 우려가 크다. 또 대부분의 공사장은 외부가 차단되어 있기 때문에 범인들이 범행을 저지르기에도 매우 좋은 조건을 갖추고 있다.

자녀에게 안전을 위한 교육을 시킬 때에는 '출입금지'라는 간판이 포함하고 있는 위험성에 관하여 정확하게 설명해 주고, 한편으로 사람들의 눈에 띄지 않는 장소의 위험성도 분명하게 인식시켜주는 것이 좋다.

그리고 주차장도 매우 위험한 장소 중의 하나다. 주차장 역시 아이들의 입장에서는 마음껏 뛰어놀 수 있는 넓은 공간으로 여겨지기 때문에 공놀이를 하거나 자전거, 스케이트보드 등을 즐기는 아이들이 많이 있는데 주차장은 자동차들이 자주 드나들기 때문에 불의의 사고를 당할 수 있다. 또 자동차를 이용한 범인의 범행에 노출될 수도 있다. 따라서 주차장에 관한 안전교육도 확실하게 하자.


## 산과 강


주 5일 근무제가 시행되면서 휴일이 되면 산이나 바다로 가족끼리 여행을 떠나는 일이 많아졌다. 공해에 찌든 도시를 떠나 한적하고 시원한 장소에서 가족끼리 오순도순 보내는 시간은 정말 즐겁다. 하지만 이런 곳에도 역시 위험은 존재한다.

첫째는 사고 위험이다. 산이나 강, 바다에는 평소에 생활하는 주택가와 전혀 다른 위험이 존재한다. 아이들은 새로운 장소에 가면 모험심에 자극을 받아 여러 가지에 흥미와 호기심을 느낀다. 따라서 안전에 대해서 미리 인식시켜 두어야 할 필요가 있다.

그렇다면 특별히 어떤 점에 주의하도록 가르쳐두어야 할까?

강이나 바다에서는 물놀이를 하는 경우가 많다. 물놀이는 답답한 공간에서만 생활하던 아이들이 스트레스를 해소할 수 있는 방법이기도 하기 때문에 건강에도 많은 도움이 된다. 하지만 자칫 놀이에 집중하다 보면 목숨을 잃을 위험성도 있다.

겉으로는 얕아 보이지만 뜻밖으로 매우 깊은 구덩이가 있을 위험도 있고, 눈으로 보는 것 이상으로 물살의 흐름이 빠른 장소도 있다. 따라서 어른도 물살에 휩쓸려버릴 수 있다는 위험성을 가르쳐주어야 한다. 그리고 아이가 물에 들어가 있는 동안에는 한시라도 아이에게서 눈을 떼지 않도록 주의해야 한다.

산의 경우에는 길을 잃을 위험성을 비롯하여 해충이나 뱀 등에게 물리거나 넘어져서 부상을 당할 가능성이 많으니까 이런 점에 대해서 주의를 준다.

여름휴가 때 바닷가에서 흔히 볼 수 있는 광경이지만, 아이들과 마찬가지로 어른들도 모처럼 휴가를 내서 자연과 가까운 장소로 여행을 왔다는 생각에 한껏 마음이 들떠 흐트러진 행동을 보이기 쉽다. 예를 들면, 술에 취해 주위 사람들에게 피해를 끼치는 행동을 하는 것 등이다. 아이가 혹시 이런 사람들의 주정 대상이 되지 않도록 화장실에 가거나 물건을 사러 갈 때에는 반드시 함께 움직이도록 한다.

원래 이런 장소일수록 위험은 더 많다. 모처럼 자유로운 공간에 몸을 맡기게 되면 사람들은 자제력을 잃고 자신도 모르게 도를 넘는 행동을 하게 되기 때문이다.

아이에게 주의를 줄 때 반드시 기억해야 할 부분이 있다.

"물에서 놀다가 혹시 신발이 벗겨지거나 튜브를 놓치면 건지려 하지 말고 그냥 내버려두렴. 신발은 또 사면되니까."

아이들은 평소의 부모의 행동과 표정을 머리 속에 인식하고 가능하면 거스르지 않으려고 노력한다. 그런데 평소에 아이가 물건을 잃어버렸을 때 심하게 야단을 맞은 경험이 있는 아이는 물놀이를 하다가 신발이 벗겨지는 경우에 그것을 잃어버리지 않으려고 자기도 모르게 깊은 물 속으로 들어가게 되고 이것이 사고로 이어지는 경우가 있다.

산으로 놀러갔을 경우도 마찬가지다. 바람에 모자가 날리거나 했을 경우, 아이는 그것을 줍기 위해 정신없이 모자를 따라 움직이고 그 결과, 길을 잃어버리는 사고가 발생할 수 있다.

평소에 부모가 가정에서 어떤 식으로 교육을 시켰는가 하는 것이 매우 중요한 역할을 하는 것이다.

## 사람이 많은 장소

사람들의 눈에 쉽게 띄는 장소는 대개 안전한 곳이지만, 사람들이 너무 많이 모여 있는 장소 역시 위험이 있다. 첫째는 부모를 잃어버릴 위험성, 둘째는 수많은 사람들 중에 범죄자도 포함되어 있을 위험성이다.

더구나 사람들이 많이 모여 있는 장소에서는 기본적으로 주위 사람들에게 신경을 덜 쓰게 된다. 따라서 아이를 지켜보는 눈은 많아도 진지하게 지켜보는 눈은 오히려 부족하다. 그렇기 때문에 아이는 오히려 외딴 곳에 있는 것과 비슷한 환경에 놓일 수 있다.

대형 마트나 쇼핑센터 등에서는 절대로 아이의 손을 놓지 않도록 한다. 아이가 길을 잃어버리는 정도라면 안내방송을 통해서 쉽게 찾을 수 있지만, 이 역시 시간 낭비는 물론이고 쇼핑을 하던 기분도 상하게 된다. 그런데 더 큰 문제는 불량청소년이나 아이를 노리는 범죄자의 표적이 될 수 있다는 것이다.

쇼핑센터에서 범죄를 당할 가능성이 높은 장소는 화장실과 비상계단 근처다. 쇼핑센터 내부에 사람들이 아무리 많다고 해도 화장실은 한적한 경우가 많기 때문이다. 그리고 대부분 엘리베이터나 에스컬레이터를 이용하기 때문에 비상계단 역시 한적한 장소에 해당한다. 이런 곳에서는 성범죄를 당하거나 금품을 빼앗길 가능성이 높다. 따라서 아이가 친구들과 이런 장소에 간다고 하면 화장실에 갈 때에는 반드시 함께 가도록 하고 비상계단은 이용하지 말라고 가르쳐두는 것이 좋다.

# 4

# 행복한 가정,
# 불안한 가정

# 자녀는 부모가 키운다

아이를 다른 사람에게 맡길 경우, 자신과 전혀 다른 존재의 손길에 거부감을 느끼게 되고 반항으로 이어진다. 이것은 아이의 두뇌와 신체 발달에 심각한 혼란을 초래한다.

## 부모만큼 아이를 사랑하는 사람은 없다(친척에게 맡길 경우)

요즘에는 맞벌이 부부들이 늘어나 자녀를 다른 사람에게 맡기는 경우가 많다. 어느 부모나 마찬가지겠지만, 자녀는 제 손으로 키우고 싶을 것이다. 하지만 이런저런 이유 때문에 어쩔 수 없이 다른 사람에게 맡겨야 할 상황이 생기면, 대부분 시댁 부모님이나 친정 부모님께 맡긴다. 이 때 발생할 수 있는 문제는 무엇일까?

할머니, 할아버지에게 맡길 경우 사랑이 지나쳐 응석받이가 될 가능성이 높다. 시댁이든 친정이든 할머니, 할아버지는 당연히 손자, 손녀를 귀여워해 준다. 그 때문에 아이의 요구를 무조건 들어주게 되고 그것은 결국 떼쟁이, 독불장군 등의 사회적 '부적응아'

로 자랄 가능성을 높인다.

또 할머니, 할아버지는 아이를 야단치고 싶어도 혹시 부모가 싫어할까봐 함부로 대하지 않는 문제점도 안고 있다. 과거처럼 대가족 제도가 자리를 잡고 있던 시절에는 할머니, 할아버지는 손자, 손녀를 사랑해주고 귀여워해 주는 한편으로 교육에도 상당한 신경을 썼다. 하지만 요즘에는 조금만 야단을 쳐도 자기 자식 기죽인다는 이유로 당장 아이를 데려가 버리는 젊은 부부들을 많이 볼 수 있다. 그 때문에 할머니, 할아버지는 과거처럼 부모의 부모라는 개념이 아니라 보모나 유모 같은 기분으로 아이를 대할 수밖에 없다. 그래서 요즘에는 할머니, 할아버지들이 손자, 손녀를 돌보는 일을 기피하는 현상까지 나타나고 있다.

어쨌든 할머니, 할아버지에게 아이를 맡길 경우에는 마음 놓고 아이를 돌볼 수 있는 여건을 마련해드리는 것이 좋다. 아무려면 당신의 손자, 손녀에게 피해가 되는 행동을 하시겠는가. 이 부분에 대해 확고한 믿음을 가지고 아이를 맡긴다면 할머니, 할아버지도 편한 마음으로 아이를 돌봐주실 것이다.

하지만 아무래도 매보다는 사랑을 앞세우게 되는 것이 노인들의 마음이다. 따라서 할머니, 할아버지에게 아이를 맡길 경우 부모는 아이가 독단적인 행동을 보이거나 이기적인 행동을 보이지는 않는지 주의 깊게 관찰하면서 교정해주어야 할 필요가 있다.

그리고 저녁에 아이를 데려오면 적어도 30분 이상은 함께 놀아주면서 부모 자식간의 교류를 심화시켜야 한다. 그러지 않으면 아이는 부모보다는 할머니, 할아버지의 말에 더 많은 영향을 받게 된다. 이것이 반드시 나쁘지는 않지만 문제는 할머니, 할아버지의 교육은 잘못된 행동의 교정보다는 무조건적인 사랑을 앞세우는 경우가 많다는 데에 있다. 버릇없는 아이로 자랄 가능성이 높다는 것이다.

이것은 유치원을 비롯하여 학교에 다니게 되면서부터 다른 아이들과 어울리지 못하는 심각한 후유증을 낳는다.

할머니, 할아버지가 아닌 다른 친척에게 맡길 때도 마찬가지다. 이 때는 할머니, 할아버지와 달리 사랑에 있어서 당연히 뒤질 수밖에 없다. 따라서 자칫 '눈치 보는 아이'가 될 가능성이 있다.


## 돈이 모든 것을 해결해주지는 않는다(남에게 맡길 경우)

이런저런 이유로 아이를 아예 모르는 사람에게 맡기는 부모도 많다. 한 달에 수십만 원의 비용이 들어가기는 하지만 잘못이 생기면 냉정하게 따질 수 있다는 거래 관계를 중시하기 때문이다.

하지만 이 경우에는 기본적으로 아이의 심리상태를 매우 불안정하게 만들 위험성이 있다. 아이는 당연히 부모를 닮고 태어난다. 환경에 의해 변하기는 하지만 기본적으로는 부모의 성향을 가지고 있고 그 때문에 부모와 함께 있을 때 가장 안정감을 느낀다. 그 안정감은 아이의 두뇌와 신체의 발달에 막대한 영향을 끼친다. 즉, 특별히 신경을 쓰지 않더라도 하루 종일 부모와 함께 생활한다는 것 자체만으로도 아이는 지극히 정상적으로 성장하게 되는 것이다.

그런데 다른 사람에게 맡길 경우, 아이는 자신과 전혀 다른 존재의 손길에 거부감을 느끼게 되고 이것은 반항으로 이어진다. 시간이 지나면서 서서히 적응이 되기는 하지만 적응이 될 경우에는 또 다른 문제가 발생한다. 낮에 상대하는 보모와 저녁에 상대하는 부모 사이에서 괴리감을 느끼게 되는 것이다. 이것은 아이의 두뇌와 신체 발달에 심각한 혼란을 초래한다.

예를 들어, 보모의 경우에는 아이가 뛰어다니든 소리를 지르든 아무런 제재 없이 내버려두었다고 하자. 그런데 저녁에 부모에게 돌아가면 교육적 차원에서 그런 행동을 규제한다. 이 때, 아이는 아직 옳고 그른 것을 판단할 수 있는 기준이 마련되어 있지 않기 때문에 편한 쪽을 선호하게 되고 이것은 결국 부모 자식간의 관계가 소원해지는 계기로 작용한다. 오히려 보모를 더 따르게 되는 것이다. 그렇다고 아이가 보모를 더 사랑할 리는 없다. 자기 부모가 누구인지는 기본적으로 알고 있기 때문이다. 그래서 부모의 말에 툭 하면 대드는 반항적인 성격으로 나타난다.

놀이방에 맡기는 경우에도 여러 가지 문제가 발생할 수 있다. 놀이방은 개인 대 개인이 아닌 단체생활이다. 따라서 아이의 특성이나 성향, 성격, 입맛 등은 보편화된 기준에 의해 통제되고 억제된다. 사람은 각각 특성을 가지고 태어나는데 그런 특성이 억제당하는 결과를 낳는 것이다. 그리고 이런 보편적인 보살핌 아래에서 자란 아이는 리더십을 갖추기 어렵다.

그리고 다른 사람에게 아이를 맡기면 아이는 그 사람의 손길에 익숙해져 그 사람과 떨어지게 되면 불안감을 느껴 어딘가 모르게

어수선한 행동을 하게 된다. 이것을 의학적으로는 '분리 불안' 이라고 하는데 이것은 만 세 살 정도가 되면 극복된다. 그러나 이것이 극복되지 않는 경우에는 이른바 '분노발작' 이라는 행동장애를 보인다. 자기 마음대로 행동하지 못할 경우에 발작적으로 난폭한 행동을 보이는 일종의 정신적 장애다.

 이런 저런 이유를 생각할 때 아이는 가능하면 부모가 키우는 것이 가장 좋다. 어쩔 수 없이 할머니, 할아버지나 보모, 놀이방에 맡겨야 할 경우에는 반드시 저녁 때 아이와 1시간 이상의 시간을 보내면서 아이가 무엇을 표현하는지, 무슨 욕구가 있는지를 파악하여 적절하게 대처할 필요가 있다.

# 자녀가 하는 말의 밑바닥에 깔린 의미를 이해하라

모든 성폭행 사건은 주변인물에 의한 것이 70%를 넘는다. 한창 성에 관심이 많은 청소년이 있는 가정의 경우, 어린 여자아이는 성적 호기심의 대상이 될 수 있다. 또 그 호기심을 확인하는 대상이 될 수도 있다.

## 아이의 말에는 의미가 있다

아이가 어떤 말을 할 때에는 표현력이 부족할 수는 있어도 반드시 의미가 있다.

"나 ○○오빠랑 놀지 않을래."

"○○는 정말 나빠."

"○○네 집에는 다시는 안 갈 거야."

아무런 이유도 없는데 자녀가 갑자기 이런 식으로 말한다면 부모의 입장에서는 당연히 그 이유가 무엇인지 물어보게 된다. 하지만 아이는 이유를 말하지 않는다. 그냥 하기 싫다고만 말할 뿐이다.

대부분의 경우, 아이가 이러한 갑작스런 변화를 보일 때에는 나름의 이유가 분명히 있다. 단순한 친구 관계라면 사소한 다툼 때문에 그럴 수 있다고 받아들이면 되지만 오빠, 형, 아저씨 등 친구 관계가 아닌 경우에는 사소한 다툼 이상의 깊은 의미가 내포되어 있을 가능성이 있다. 만약 딸아이라면 성범죄도 예상할 수 있다.

만약 딸아이가 "○○오빠랑 놀지 않을래" 하고 말을 했는데 그 이후에 텔레비전 등에서 남녀가 사랑을 나누는 장면이 나왔을 때 유난히 인상을 찡그리며 채널을 돌려버린다거나 텔레비전을 외면하고 다른 곳에 관심을 기울인다면 ○○오빠가 딸아이를 대상으로 성적인 행동을 했다고 추측해볼 수도 있다. 물론 가능성과 관련된 이야기다.

또 "○○네 집에는 다시는 안 갈 거야"라고 말했을 경우, 그 ○○라는 아이의 집에 오빠나 삼촌 등이 있다면 그 아이와 그 집 안에서 여타의 문제가 있었을 가능성도 있다.

지나친 억측이라고 생각할 수 있지만 가능성은 충분히 있다는 말이다. 그만큼 아이의 돌발적인 언행에는 반드시 의미가 있다는 점을 염두에 두어야 한다.

실제로 모든 성폭행 사건은 주변인물에 의한 것이 70%를 넘는다. 한창 성에 관심이 많은 청소년이 있는 가정의 경우, 어린 여자아이는 성적 호기심의 대상이 될 수 있다. 또 그 호기심을 확인하는 대상이 될 수도 있다. 특히 중학생 정도의 남학생인 경우에는 성에 대한 호기심이 매우 왕성하기 때문에 나이 어린 여자아이를 보면 자기도 모르게 여성의 신체에 대한 궁금증을 직접적으로 확인하려 한다. 이것은 그 학생이 나빠서가 아니라 성장기에 당연히 갖게 되는 호기심이다. 부모들이 미리 차단해야 하는 문제이지 그 학생의 정신적 문제는 아니라는 것이다.

이런 점을 간과하고 '어린아이들이니까'라는 이유에서 단 둘이 놀게 하거나 둘만의 공간을 제공하게 되면 전혀 예상하지 못한 결과가 나타날 수도 있다.

그런 일이 발생했을 경우에 여자아이가 보이는 기본적인 행동 양식이 "○○하고는 절대로 안 놀아", "○○집에는 절대로 안 가"라는 식의 밑도 끝도 없는 갑작스런 태도 변화다.

따라서 아이의 말에는 나름대로 의미가 있다는 사실을 염두에 두고 혹시라도 그런 상황이 있었는지, 부모의 시야에서 벗어난 장소에서 발생할 수 있는 모든 문제를 예상해보는 것이 좋다. 그리고 문제가 발생할 여지가 있는 부분은 자연스럽게 차단하는 것이 바람직하다.

## 부모에게 솔직한 아이가 되도록 만들어라

더 중요한 문제는 어떤 문제가 발생하더라도 아이가 솔직하게 부모에게 자신의 상황을 설명하고 의논할 수 있는 분위기를 만들어주는 것이며, 아이의 머리 속에 편하고 믿음직한 부모라는 인식을 심어주는 것이다.

평소에 극단적인 말투와 행동을 보이는 부모 밑에서 자란 자녀들은 그 부모에게 절대로 마음을 털어놓고 이야기하지 않는다.

텔레비전을 보다가 청소년의 성문제를 다룬 프로그램이 방영되었다고 하자. 그 프로그램에서 청소년들끼리 사랑에 빠지거나 성적 유희를 즐기는 내용이 소개되었다. 그것을 보고 엄마는 이렇게 말한다.

"말도 안 돼. 아이들이 어떻게 저럴 수가 있어? 도대체 아이들을 어떻게 키웠기에 저럴 수 있지? 하여튼 요즘 아이들은 이해할수가 없다니까."

옆에 있던 딸아이는 엄마의 이 말을 결코 잊지 않는다.

그런데 그 딸아이가 이웃집 오빠와 놀던 중에 그와 비슷한 일을 경험하게 되었다고 하자. 그럴 때 자기가 겪은 일을 엄마에게 솔직하게 털어놓을 수 있을까?

아이는 절대로 말하지 않는다. 평소에 엄마의 말투나 행동을 볼 때 그런 말을 하면 호된 꾸지람을 듣게 될 것이라는 두려움이 앞서기 때문이다.

그런 아이를 앞에 두고, "무슨 일이든 마음 놓고 말해라" 하고 아무리 설득해도 아이는 절대로 입을 열지 않는다. 평소의 믿음은 이렇게 중요한 의미를 가진다.

아이 앞에서는 어떤 일이든 발생할 가능성이 충분히 있고 그런 일이 발생하는 것은 전적으로 본인의 책임이 아니라 상황과 환경에 따라 어쩔 수 없는 경우도 있다는, 한마디로 표현하자면 '이 세상에는 무슨 일이든 발생할 수 있다'는 인식을 갖춘 너그러운 부모의 모습을 보이는 것이 중요하다.

이런 인식은 아이에게 믿음을 심어주고 자신과 가장 가까운 사람, 자신이 가장 신뢰하고 의지할 수 있는 사람은 부모라는 강한 인식을 갖게 한다.

이런 관계성이 구축되면 부모의 눈길이 닿지 않는 상황에서 아이에게 어떤 일이 발생하든 아이는 숨김없이 부모에게 이야기하게 된다. 설사 그것이 매우 심각한 문제라고 해도 아이 앞에서는 절대로 그런 내색을 하지 말아야 한다. 만약 심각한 문제라는 이유에서 아이 앞에서 호들갑을 떨면 아이는 그 즉시 다시 입을 다물게 되기 때문이다.

부모는 부모다워야 한다. 아이들 사이에서 발생할 수 있는 문제를 마치 엄청난 범죄라도 되는 양 호들갑을 떠는 부모는 부모의 자격을 의심받아 마땅하다. 역설적으로 표현하면, 그런 부모이기 때문에 아이에게 문제가 발생한다고 설명할 수도 있다.

중요한 것은 평소의 부모의 태도다. 아이의 크고 작은 문제를 따뜻하게 안아주면서 함께 해결해 나가는 모습을 평소에 보여줄 때 아이는 부모를 신뢰하게 되며, 문제를 보다 쉽게 해결할 수 있게 된다. 이러한 양육태도는 부모와 자녀의 상호신뢰감을 구축하여 올바른 아이로 키우는 기본이 된다.

# 믿는 도끼에
# 발등 찍히는 것이 성범죄

아이가 성범죄에 노출될 경우, 부모에게 있는 그대로 사실을 말하는 경우는 거의 없다. 범죄자가 아이를 협박하거나 회유하는 방식으로 아이의 입을 다물게 만들기 때문이다.

## 성범죄는 부모의 책임이다

남성과 여성이 더불어 살아가는 사회에서 성범죄만큼 일방적이고 정신적 피해가 큰 범죄는 또 없을 것이다. 육체적인 힘으로 볼 때 여성보다 우위에 있는 남성은 당연히 여성을 보호하고 감싸주어야 하는데도 성범죄는 예나 지금이나 끊임없이 되풀이되고 있기 때문에 많은 여성들을 공포에 떨게 만든다.

그러나 성범죄자들의 성향을 살펴보면 사실 남성으로서 구실을 제대로 하는 사람은 거의 없다. 외모에 자신이 없거나 사회적으로 문제가 있는 등 기본적으로 무엇인가 부족한 사람, 성장기 시절 성과 관련하여 큰 상처를 입은 사람, 남성으로서 자신감이 없는 사람이 성범죄를 저지르는 경우가 많다. 이것은 부족한 자신감을 여성이라는 '약자'를 강제로 추행하는 과정을 통하여 회복하려는 심리가 강하게 작용하기 때문이라고 한다.

어린이를 대상으로 삼는 성범죄는 그런 영향이 더욱 크다. 성적으로 문제가 있는 사람까지 가세하기 때문에 그 범위도 매우 넓다. 어린이를 성범죄의 대상으로 삼는 남성을 보면 대부분 성적기능에 문제가 있거나 성에 대한 인식이 매우 왜곡되어 있는 경우가 많다. 또 어린이를 대상으로 삼는 성범죄는 여자아이 뿐 아니라 남자아이도 포함된다. 성인 남성의 소년 대상 성범죄, 성인 여성의 소년 대상 성범죄도 발생하기 때문이다.

성범죄는 기본적으로 부모의 책임이 크다. 부모 주변의 인물(예를 들면 사촌오빠 같은)에 의해 발생하는 경우가 많기 때문이다. 이 경우에는 부모의 관리소홀이 문제가 될 수 있다. 또 나이에 맞는 성교육을 제대로 실시하지 않은 탓에 성적인 접근에 무감각한 아이를 만드는 경우도 있다. 이런 부분들은 기본적으로 부모에게도 책임이 있다.

한편, 전혀 모르는 사람으로부터 성적 희롱을 당하는 경우도 있는데 이것은 부모도 어쩔 수 없는 일이다.

얼마 전 놀이터에서 노는 아이들을 꼬드겨 아버지 친구라면서 접근, 집으로 들어가 패물을 훔치고 성범죄까지 저지른 남자가 구속되었다. 이 남자는 아이의 이름을 미리 알아두었다가 이름을 부르면서 친근하게 접근, 아이 스스로 집 문을 열게 만드는 치밀한 수법을 사용했다.

이런 범죄의 피해를 입지 않으려면 평소에 아이에게 모르는 사람에게는 절대로 집을 알려주거나 가르쳐주지 말라는 교육을 시켜야 한다. 물론 그런 교육을 한다고 아이가 완벽하게 방어를 할수는 없겠지만 그래도 범죄예방의 기본을 인식시켜주는 것은 매우 중요하다.

그리고 아무리 친척이라고 해도 딸아이인 경우에는 남성과 단둘이 있는 시간은 주지 않는 것이 바람직하다. 특히 청소년인 친척 오빠 같은 남성과는 절대로 단 둘이 있지 않도록 해야 한다.

모두가 그런 것은 아니지만 성에 대한 관심이 한창 때인 청소년들의 입장에서는 자제력이 부족하고 호기심이 왕성하기 때문에 여동생이라고 해도 여자로 보이는 경우가 많기 때문이다.


## 성범죄에 노출된 아이의 행동 변화

아이가 성범죄에 노출될 경우, 부모에게 있는 그대로 사실을 말하는 경우는 거의 없다. 범죄자가 아이를 협박하거나 회유하는 방식으로 아이의 입을 다물게 만들기 때문이다. 그렇다면 아이의 행동 변화를 보고 판단할 수밖에 없는데 성범죄에 노출된 아이는 어떤 행동을 보일까?

성추행이나 성적 학대까지 포함하여 생각해 보자.

### 1. 특정인을 만나려 하지 않거나 특정 장소에 가지 않으려 한다

평소에 사이좋게 지냈던 사람을 갑자기 피하거나 만나려 하지 않는다면 그 사람에게 성적 피해를 당했을 가능성이 높다. 또 기분 나쁜 일, 무서운 일을 경험한 장소에도 가지 않으려 한다. 만약 아이가 무조건 회피하는 장소가 있다면 그 장소에서 무슨 일이 있었는지 관심을 가지고 아이를 설득해보아야 한다.

### 2. 필요 이상으로 옷을 두껍게 입으려 한다

옷을 벗는 것을 싫어하면서 필요 이상을 옷을 두껍게 입으려 한다. 이것은 옷을 벗는 것에 대한 기분 나쁜 경험이 있다는 의미일 가능성이 높다.

### 3. 성기에 대한 관심이 높아진다

어린아이가 자신의 성기를 장난감 대신으로 만지작거리는 경우는 흔히 볼 수 있다. 하지만 이 역시 필요 이상으로 만지작거리거나 자세히 살펴보는 등, 성기에 집착하는 행동을 보인다면 성적 경험(피해)을 했을 가능성을 생각해보아야 한다.

### 4. 성기를 자주 긁거나 통증을 호소한다

성기를 자주 긁거나 통증을 호소하는 경우에는 일단 병원에 가보는 것이 좋다. 다른 질병에 의해 이런 증상을 보이는 경우도 있지만 만약 성병에 감염되었다면 당연히 성범죄를 의심해보아야 한다.

### 5. 성기에 상처가 생겼다

어린아이의 경우, 무리한 성행위를 하게 되면 성기를 비롯한 그 주변에 외상이 생긴다. 따라서 이 경우에도 병원을 찾아가 치료를 하는 동시에 성범죄를 의심해보아야 한다.

### 6. 성적인 행위를 연출한다

평소에는 그렇지 않던 아이가 어른으로부터 성적인 추행을 당하게 되면 갑자기 어른을 대상으로 성적인 행동(섹스 체위 같은)을 보이는 경우가 있다. 따라서 이런 변화에도 주의를 기울여야 한다.

## 7. 여자아이가 아랫배의 통증을 호소한다

여자아이의 경우, 무리한 성행위를 경험하게 되면 아랫배의 통증을 호소하는 경우가 있다. 이럴 때에도 병원으로 데려가 아이의 신체를 세밀하게 살펴보는 것이 좋다.

## 8. 다른 아이들의 성기에 관심을 보인다

남자아이든 여자아이든 갑자기 다른 아이들의 성기에 강한 관심을 보이며 자신의 성기와 비교하는 모습을 보인다. 이것은 성장 과정에서 단순한 호기심일 수도 있지만 그런 변화가 갑작스럽게 나타났다면 성적 피해를 의심해보아야 한다.

## 9. 성에 관하여 어른 못지않은 지식을 가지고 있다

인터넷 등의 매체를 통하여 성행위 영상을 보고 흉내를 내는 별 것 아닌 경우도 있지만 그 내용이 매우 직접적인 표현이라면 성적 경험을 의심해보아야 한다.


## 성에 대한 올바른 가르침이 성범죄 예방의 최선책

성범죄를 예방하는 가장 바람직한 방법은 아이 스스로 성범죄의 대상이 되지 않도록 확실한 인식을 갖추는 것이다. 이것은 당연히 부모의 교육에 의해 각인된다. 그렇다면 어떤 방식으로 아이를 가르쳐야 할까?

### 1. 성적인 장난이 어떤 것인지 분명하게 가르쳐 줘라

어린 시절에는 다양한 사람들의 품에 안길 수도 있고 귀여움을 받을 수도 있다. 하지만 유치원에 다니고 초등학교에 입학하면 설사 부모라고 해도 손을 댈 수 없는 부분이 있다.

예를 들면, 성기를 비롯하여 가슴, 엉덩이 등인데 이런 장소는 이른바 '자기만의 장소'에 해당한다. 부모도 함부로 손을 댈 수 없는 장소이기 때문이다. 따라서 다른 사람이 손을 대면 기분이 나쁘거나 거부감이 생기는 것이 당연하다.

그러니까 성적인 장난에 대하여 지도할 때에는, 부모나 형제라고 해도 함부로 손을 대지 않는 장소에 손을 대려하는 사람이 있다면 분명하게 거절하라는 교육을 시켜야 한다. 그것이 곧 '성적인 장난'에 해당하며 사실은 성범죄나 성추행이니까.

이런 교육을 시키지 않을 경우, 아이는 '성'에 대한 감각과 이해가 부족하기 때문에 그냥 이상하다는 정도로만 받아들일 뿐 상대방의 행동에 크게 저항하지 않는다. 그래서 성추행을 당한 뒤에도 부모에게 알리지 않는 경우가 있고 같은 범죄자에 의해 범죄가 되풀이되는 경우가 많다.


## 2. 평소에 친분관계가 있는 사람일수록 경계해야 한다

평소에 사이좋게 지내는 아저씨나 할아버지, 학원 선생님이라고 해도 '성적인 장난'에 해당하는 행동을 하려 할 경우에는 반드시 "싫어요!" 라고 단호하게 거부하라는 교육을 시킨다. 만약 무서워서 저항할 수 없는 경우에는 도망을 친 다음에 부모에게 그 사실을 알리라고 가르친다. 성범죄가 발생할 가능성이 있는 경우에는 일단 그 자리를 떠나는 것이 가장 중요한 문제이기 때문이다.

아이는 평소에 친절하게 대해주는 사람에게 매우 약하다. 따라서 약간 이상하다는 생각이 들더라도 그 사람에게 미움을 사지 않기 위해 가만히 있는 경우가 많다. 그 때문에 부모에게도 성적 추행을 당한 사실을 알리지 않는 것이다.


## 3. 아이의 말에 귀를 기울여라

앞에서, 아이의 눈높이에 맞추어 대화를 나누고 아이의 이야기에 귀를 기울이라는 설명을 했지만 이것은 성범죄의 경우에도 큰 도움이 된다. 아이가 마음 놓고 이야기할 수 있는 부모, 자신의 말을 일단 믿어주는 부모라는 인식을 심어주지 않으면 아이는 성적 추행을 당한 일을 부모에게 말하지 않는다. 아이의 입장에서는 성적 추행이라는 개념보다는 단순히 이상한 경험 정도로 이해하기 때문에 더욱 그렇다.

그리고 아이가 그런 경험에 대하여 이야기하면 일단 놀라는 표정은 감추고 그 이야기를 진지하게 받아들인다. 그래서 어떤 일이 있었는지 분명하게 알아낸 뒤에, 다음에는 그런 요구를 하는 사람이 있으면 단호하게 거절하라는 식으로 아이가 놀라지 않도록 안심을 시켜놓고 대처방법을 찾는다.

가장 중요한 것은 무슨 일이 있든 간에 마음 놓고 이야기할 수

있는 환경을 만들어주는 것이다. 또 무슨 일이든 이상한 경험을 하면 반드시 이야기하도록 가르쳐야 한다.

### 4. 부모와 자식 사이에는 비밀이 없어야 한다고 가르쳐라

아이들은 흔히 '비밀'을 좋아한다. 자기들만의 세계, 자기들만의 정보를 다른 사람에게 알려주지 않는 것은 매우 중요한 의리이며 믿을 수 있는 신뢰관계라고 받아들이는 경향이 강하다. 하지만 부모와 자식 사이에는 비밀은 절대로 있을 수 없다는 인식을 심어주어야 한다. 가장 나쁜 교육방식은 아빠(엄마)가 자녀에게, "엄마(아빠)에게는 절대로 말하면 안 돼!"라는 식으로 비밀에 관한 재미를 길들여놓는 것이다. 이런 경험이 거듭될수록 아이는 비밀에 재미를 느끼게 되고 이것은 성범죄자와의 비밀도 지켜야 한다는 묘한 인식을 심어주게 되어 부모에게도 자신만의 비밀을 간직하는 바람직하지 않는 결과를 낳게 된다.

### 5. 낯선 사람에게는 식구 이름이나 전화번호 등을 가르쳐주지 않도록 지도해라

성범죄자들 중에는 계획적인 경우도 많이 있다. 이들은 후환을 두려워하여 미리 아이의 이름이나 부모의 이름, 나아가 집 전화번호 등을 알아두려 하는 경우가 있다. 이것은 나중에 아이를 협박하는 자료로도 이용한다. 따라서 낯선 사람이 아이 자신을 비롯한 식구들의 이름을 물어보거나 전화번호를 물어볼 때에는 가르쳐주지 않도록 평소에 교육해야 한다.

### 6. 사진 따위를 찍지 못하게 해라

성범죄자들 중에는 도착증 증세를 보이는 범죄자도 있다. 이웃집에 사는 젊은 여성의 속옷을 훔쳐서 입고 그 여성의 사진을 들여다보며 성적 흥분을 느끼는 사람도 있는데 그 대상은 유치원생이나 초등학생일 수도 있다. 따라서 어떤 이유에서든 사진을 찍자는 유혹에는 응하지 않도록 주의를 주어야 한다.

"너, 정말 예쁘구나. 방송에 출연해보지 않을래? 아저씨가 방송국에서 일하거든. 아, 그리고 일단 사진 한 장 찍자. 너무 예뻐서 아저씨가 소개하면 즉시 방송에 출연할 수 있을 거야."

### 7. 어떤 상황에서도 옷은 벗지 않도록 가르쳐라

이것은 평소의 교육이 매우 중요한 의미를 가진다. 평소에 아무렇게나 옷을 벗어던지는 습관이 있는 아이는 옷을 벗는다는 데에 큰 거부감이 없다. 따라서 범죄자의 다양한 유혹에 쉽게 넘어가 옷을 벗을 가능성이 매우 높다. 결국 이것은 예절 교육이 제대로 되어 있는가 하는 문제와 직결되는 부분이다.

# 혼자 집을 볼 때
# 안전대책

요즘에는 아이 혼자 집을 지키는 경우가 흔하다. 따라서 이 때의 대처방법을 확실하게 숙지시켜야 하는데, 가장 중요한 것은 어떤 경우에도 문은 절대로 열어주지 말아야 한다고 가르치는 것이다.

## 전화에 대한 대응 방법

아이가 집에 혼자 있을 때에 전화가 걸려온다면 어떻게 대응해야 할까? 집에 어른이 없다는 사실을 알려준다는 것은 매우 위험한 일이다. 따라서 아이가 혼자 집에 있을 때, 전화가 걸려올 경우에 대응하는 방법에 대해서도 미리 가르쳐주어야 한다.

가장 효과적인 방법은 전화를 받지 않는 것이다. 그리고 평소에 전화가 왔을 때에 어떤 식으로 대응하는 것이 좋은지, 나름대로의 규칙을 정해놓고 반복적인 실습을 통하여 몸에 익히도록 가르쳐야 한다. 또 아이가 혼자 있을 때에 전화를 걸어 받는지 받지 않는지 확인하는 것도 아이가 전화대응에 대하여 제대로 인식하고 있는지 확인할 수 있는 방법이다.

하지만 급한 일이 있어서 부모나 가족이 아이와 통화를 하고 싶을 때는 어떻게 해야 할까?

그런 경우를 위하여 가능하면 전화는 부재중응답기능을 사용하도록 한다. 즉, 아이가 상대방의 음성을 들었을 때 가족인지 아닌지 판단한 다음에 전화에 대응할 수 있도록 가르쳐두는 것이다.

정리를 하면, 다음과 같이 대응하는 것이 위험을 막을 수 있는 효과적인 방법이다.


1. 혼자 집에 있을 때에 전화가 걸려오면 부재중자동응답기능이 작동되는 동안에 상대방의 목소리를 확인하고 받도록 가르친다.

2. 혹시라도 전화를 받게 되면 '엄마는 샤워하고 있다' 거나 '설거지를 하고 있다' 고 말하여 집에 어른이 있는 것처럼 대응하게 한다.

3. 어른들이 집에 있을 때에 전화가 걸려오면 가능하면 아이가 전화를 받게 한다. 아이의 입장에서 볼 때 전화를 받는다는 것은 어엿한 '어른' 이 되었다는 자신감과 연결될 수 있다. 그런데 무조건 받지 말라는 식으로 가르치면 아이의 심리는 위축되고 가족과 단절된 듯한 소외감을 느낄 수 있다. 또 전화를 받았을 때의 대응방법을 가르쳐주다 보면 혼자 집에 있을 때에 전화를 받지 말아야

하는 이유를 설명하기도 쉬워진다. 혼자 있을 때에 전화를 받지 말라는 부모의 교육을, "어린아이이기 때문에 전화는 받으면 안 된다"는 의미가 아니라 "혼자 있을 때에는 위험하기 때문에 전화를 받으면 안 된다"는 의미로 정확하게 받아들이게 된다는 것이다.

## 사람이 찾아왔을 때의 대응 방법

아이 혼자 있는 집은 범죄자의 입장에서는 더할 나위 없이 편안한 표적이다. 따라서 문단속을 철저하게 하는 것은 물론이고 어른이 집에 없다는 사실이 알려지지 않도록 대응하는 방법도 가르쳐 주어야 한다.

우선, 벨이 울리더라도 절대로 대답하지 않도록 가르친다. 중요한 우편물이 올 수도 있고 택배가 배달될 수도 있지만, 어떤 경우이든 아이 혼자 집에 있을 때에는 절대로 대응하지 않도록 해야 한다.

신문을 구독하라는 판매원이나 종교단체에 가입하라고 권유하는 사람 등 다양한 종류의 사람들이 툭하면 벨을 울려대는 것이 현실이다. 이 사람들은 자신은 범죄자가 아니라는 인식 때문에 마음 놓고 이 집 저 집을 돌아다니면서 벨을 눌러댈 지 모르지만 아이 혼자 집을 보는 경우에는 벨이 울릴 때마다 아이에게 고통을 주는 결과를 낳는다는 사실을 알아야 한다. 또 현실적으로 그런 사람을 가장하여 집을 방문, 아이가 문을 열어주면 범죄를 저지르는 부류의 범죄자도 있었다. 아이 혼자 집에 있는 경우에는 다음과 같이 대응하도록 가르치자.

1. 일단 식구들 모두 각자의 열쇠를 가지고 다닌다.
2. 벨이 울리면 인터폰의 모니터를 본다.
3. 식구라면 문을 열어준다.

4. 모르는 사람이라면 무슨 말을 하더라도 절대로 대응하지 않는다.

5. 모니터가 설치되어 있지 않은 집이라면 아예 대응하지 않는다.

6. 실수로 대답을 하거나 반응을 보였다면 집에 어른이 있는 것처럼 이야기하고 문은 열어주지 않는다.

가장 중요한 것은 어떤 경우에도 문은 절대로 열어주지 말아야 한다는 점이다. 그리고 벨이 울리면 잠시 동안 조용히 소리를 내지 말아야 한다. 집에 아무도 없는 것처럼 보이기 위해서다.

요즘에는 아이 혼자 집을 지키는 경우가 흔하다. 따라서 이 경우의 대처방법을 확실하게 숙지시켜야 한다.


**빈 집에 혼자 돌아왔을 때의 대응 방법**

아무도 없는 집에 아이 혼자 돌아오는 경우가 많은 집에서 가장 주의해야 할 점은 아이가 열쇠를 가지고 다닌다는 사실을 알리지 않는 것이다. 아이가 열쇠를 가지고 다닌다는 것은 집에 아무도 없을 가능성이 높다는 의미이기 때문이다. 그리고 문을 열 때에도 가능하면 아무도 보지 않을 때를 이용하도록 가르친다. 이것 역시, 아이가 열쇠를 사용해서 문을 연다는 것은 집이 비었다는 사실을 알려주는 것과 마찬가지이기 때문이다. 빈 집에 아이 혼자 돌아왔을 경우의 대응방법을 정리해보자.

1. 주위에 사람이 없는지 확인한 다음에 열쇠를 이용하여 문을 연다.

2. 주위에 사람이 있다면 그 사람이 사라질 때까지 기다렸다가 문을 연다. 이런 경우에는 다시 나갔다가 들어오거나 누군가에게 전화를 걸어 통화 때문에 벨을 누르지 않는 것처럼 보이는 식으로 시간을 끄는 것이 좋다. 만약 주위에 있는 사람이 계속 지켜보고 있다면 즉시 밖으로 나가 근처 슈퍼마켓 등으로 들어가서 시간을 보낸 뒤에 들어오는 것이 바람직하다. 또, 통화를 가장할 때에는 연결이 되지 않더라도 실제로 통화를 하는 것처럼 가장하도록 가르친다.

3. 집으로 들어갈 때에도 "다녀왔습니다!" 하고 큰소리로 외친 다음에 즉시 문을 잠그도록 가르친다.

4. 문은 잠금장치는 물론이고 체인도 확실하게 걸어두도록 한다.

# 엘리베이터의 위험성

어디를 가든 인사성 바른 아이는 칭찬과 관심의 대상이 된다. 그러나 버릇없이
자란 아이는 외면의 대상이 된다.

## 되도록이면 세 명 이상일 때에 이용하게 한다

엘리베이터는 짧은 시간 동안 이용하는 장치이지만 밀실이라는
공간 때문에 아이에게는 매우 위험한 장소가 될 수 있다. 특히 고
층인 경우에는 매일 이용해야 하고 이용하는 시간도 꽤 긴 편이다.
따라서 엘리베이터를 이용할 때에도 여러 가지 주의가 필요하다.

1. 엘리베이터에 관한 수칙을 가르쳐준다. 특히 엘리베이터가
갑자기 멈추었을 경우에 대처하는 방법(비상용 벨 사용, 휴대전
화 이용 등)을 철저하게 가르친다.

2. 가능하면 혼자 이용하지 않도록 가르친다. 이것은 엘리베이

터가 갑자기 멈춰버리는 위험에 대비하기 위해서다. 설사 안전수칙을 정확하게 인식하고 있다고 해도 아이이기 때문에 당황하는 것은 당연하다.

3. 가능하면 아는 사람과 함께 이용하도록 한다. 아파트라면 낯익은 이웃이 있을 것이다. 그런 사람과 함께 이용하는 것이 안전하다.

4. 주위에 낯익은 사람이 없다고 마냥 기다릴 수는 없다. 이런 경우에는 외부에서 벨을 사용하여 집에 있는 엄마에게 돌아왔다는 사실을 알리고 엄마가 마중을 내려가도록 한다. 다소 귀찮기는 하지만 아이의 안전을 위해 이 정도는 감수하자.

5. 세 명 이상, 또는 가족 단위의 다른 이용자가 있을 때는 함께 이용하도록 한다. 부모와 아이들, 할아버지와 아저씨와 아주머니, 이런 식의 그룹이 있을 때에는 마음을 놓고 엘리베이터를 이용할 수 있다.

6. 가능하면 조작판 바로 앞에서 등지고 타도록 한다. 이렇게 올라타면 무슨 일이 발생했을 경우에 조작판을 쉽게 이용할 수 있고 엘리베이터 안에 타고 있는 사람들의 행동을 계속 주시할 수 있다. 또 입구와 가깝기 때문에 무슨 일이 발생하면 쉽게 나갈 수 있다.

7. 최소한 두 개 이상의 버튼을 눌러놓는다. 예를 들어, 15층에

산다고 하자. 1층에서 탄다면 7층과 15층을 함께 누르는 것이다. 이것은 혹시라도 위험한 상황에 노출되었을 때 의심을 받지 않고 자연스럽게 7층에서 내리기 위해서다. 15층 정도의 고층에 산다면 5층, 10층, 15층의 세 개 이상의 버튼을 누르는 것도 좋은 방법이다.

8. 혼자 타고 있을 때 위험해 보이는 사람이 올라탄다면 즉시 내리도록 한다. 만약 즉시 내리지 못했다면 바로 다음 층의 버튼을 누르고 다음 층에서 내려 계단을 이용한다.

9. 엘리베이터 안에서 함께 타고 있는 사람이 이상한 행동을 한다면 즉시 다음 층에서 내려 근처에 있는 어른에게 도움을 청한다.

10. 관리인에게 상황을 설명하여 조치를 취하게 한다.


## 인사성 바른 자녀로 키워라

매일 이용하는 엘리베이터이지만 아이의 입장에서 볼 때 엘리베이터는 매우 위험한 존재이기도 하다. 갑자기 정전이 되어 엘리베이터가 멈추면 아이는 좁은 공간에 갇혀버렸다는 생각에 금세 공포에 질려 어떻게 대처해야 좋을지 올바른 판단을 내리기 어렵다. 그렇기 때문에 평소에 엘리베이터와 관련된 안전수칙을 가르쳐두어야 한다.

인사성이 바른 아이로 가르치는 것도 중요하다. 기본적으로 엘리베이터는 아파트 등의 고층 주택인 경우에 이용된다. 즉 모두가 이웃이다. 요즘에는 개인생활이 중시되면서 이웃과 교류가 많이 줄어들었는데 아이를 키우는 가정이라면 이런 사고방식은 버려야 한다. 아이는 주위(이웃)에 얼굴이 많이 알려질수록 도움이 되고 아이 역시 주위사람들의 얼굴을 많이 알고 있을수록 안전하다. 따라서 평소에 어른들을 보면 예의 바르게 인사를 하도록 가르쳐서 아이에 대한 주위 사람들의 인식을 좋게 만들어두는 것이 아이의 안전을 위한 보호막으로 작용하게 된다.

아이가 오후 늦도록 들어오지 않을 때, 엘리베이터를 이용할 때, 빈 집에 혼자 돌아왔을 때, 혼자 움직이게 되는 상황이 많은 아이일수록 주위 사람들과 평소의 유대관계는 큰 도움이 된다.

바로 이런 점 때문에 앞에서 아이의 예절교육에 관하여 강조한 것이다. 어디를 가든 인사성 바른 아이는 칭찬과 관심의 대상이 된다. 그러나 버릇없이 자란 아이는 외면의 대상이 된다.

평소에 좋은 인상을 심어준 아이는 조금만 이상해 보여도 주위 사람들이 즉시 부모에게 그 사실을 알려준다. 하지만 버릇없고 이기적인 아이는 심각한 문제가 발생한다고 해도 주위 사람들은 모른 척 고개를 돌려버린다. 물론 아이에게 심각한 문제가 발생했을 때 냉정하게 고개를 돌리는 어른들은 거의 없겠지만 극단적인 예를 든다면 그렇다는 것이다.

인사성 바른 아이로 자랄 수 있도록 교육을 시키는 것은 아이에게 결코 마이너스가 아니다. 그리고 사람들과 친숙하게 지내다 보면 사람을 대하는 방법, 사랑받는 방법, 위험인물을 구별하는 방법 등 인간관계와 관련된 많은 사실들을 아이 스스로 깨닫게 된다는 장점도 있다.

# 단독주택과
# 공동주택의 안전문제

공동주택의 경우에는 아이의 안전을 위해 가장 신경을 써야 하는 점이 이웃과 관계라는 사실을 잊지 말자. 설사 부모가 없더라도 이웃 아저씨나 아주머니에게 언제든지 도움을 요청할 수 있도록 이웃과의 관계를 소중하게 유지해야 한다.

## 단독주택일 경우에 주의해야 할 점들

단독주택은 자기만의 공간 속에서 생활한다는 장점과 함께 외톨이로 동떨어져 있기 때문에 이웃의 눈에 쉽게 띄지 않는다는 단점을 가지고 있다. 그 때문에 도둑이 들 가능성도 높고 집 안에서 은밀하게 범죄가 진행될 가능성도 높다. 그 근본적인 이유는 침입이 용이하기 때문이다. 따라서 단독주택에서 생활할 경우에는 기본적으로 다음과 같은 사항에 주의해야 한다.

1. 열기 어려운 시건 장치를 사용한다. 요즘에는 시건 장치가 매우 다양해졌다. 번호를 누르는 것, 지문을 인식하는 것, 목소리를 인

식하는 것 등. 이런 시건 장치 중에서도 특히 열기 어려운 시건 장치를 사용하는 것이 범인의 침입을 막기 위한 기본적인 방법이다.

2. 방범용 기기를 설치한다. 경비 시스템이나 카메라 장치는 단독주택의 방법장치로써 빼놓을 수 없는 기본적인 사항이다. 최근에는 휴대폰을 이용한 방범기기도 보편화되어 있다. 이러한 것들은 설치되어 있다는 점만으로도 범인에게는 큰 부담을 줄 수 있다.

한 조사에 의하면 범죄자들이 가장 두려워하는 것이 감시 카메라라는 결과가 나온바 있다.

3. 특수 제작된 창문을 사용한다. 방범용 필름이 장착되어 있는 유리 등 쉽게 깨거나 부술 수 없는 유리가 있다. 가능하면 이런 유리를 이용하여 창문을 구성하는 것이 좋다.

4. 센서라이트를 설치한다. 움직이는 사물이 있으면 저절로 불이 들어오는 센서라이트를 사용하는 것도 매우 효과적이다.


한편, 단독주택에서 생활하는 경우에는 다음과 같은 점들을 점검해보아야 한다.


1. 우편함 등에 손을 넣어 문을 열 수 있는 구조는 아닌가?
2. 보조 시건 장치가 설치되어 있는가?
3. 열기 어려운 시건 장치를 사용하고 있는가?

146

4. 방문한 사람이 현관 앞에 서 있을 경우 사각지대는 없는가? (방문자를 비롯한 주변 상황을 한눈에 알아볼 수 있는 구조인가?)

5. 식구들이 각자 열쇠를 가지고 다니는가? (우편함 등에 열쇠를 함부로 두고 다니지는 않는가?)

6. 정원의 나무나 다른 물건에 의해 현관이 가려져 있지는 않은가?

7. 2층으로 올라가는 발판이 될만한 물건은 없는가? (범인이 2층으로 쉽게 침입할 수 있는 구조는 없는가?)

8. 불필요한 물건들이 방치되어 있지는 않은가? (이런 물건들을 발판으로 이용하여 2층으로 침입하는 경우가 있다)

9. 마당 전체를 쉽게 확인할 수 있는가? (다른 구조물 때문에 확인할 수 없는 장소가 있지는 않은가?)

10. 외부에서 침입하기 어렵도록 나름대로 대책을 강구해놓고 있는가? (창살이나 방범창 등)

11. 항상 문을 잠그는 습관을 들이고 있는가?

12. 특수 유리를 사용한 창문을 이용하고 있는가?

13. 밤에 잘 때에 문단속을 확실히 하고 있는가?

14. 내부의 모습이 들여다보이지 않도록 커튼이나 화분 등으로 가리고 있는가?

15. 베란다를 이용할 경우, 외부에서 침입이 용이하지 않은가?

16. 비명을 지를 경우, 주위에 쉽게 들릴 수 있는 장소인가?

17. 이웃집과 사이좋게 지내고 있는가?

18. 집 주변에서 범죄가 자주 발생하는 편인가?

19. 아이 혼자 있을 경우에 기본적인 방범장치가 갖추어져 있는가? (시건 장치의 안전성 등)

20. 감시 카메라나 경비 시스템은 갖추어져 있는가?


같은 단독주택이라고 해도 구조나 크기에는 다양한 차이가 있다. 따라서 이상의 내용을 중심으로 각자의 주택에 어울리는 방범장치를 선택하는 것이 바람직하다. 특히 아이의 안전과 관련된 부분을 중점적으로 신경을 써야 한다.


**공동주택(아파트 포함)인 경우에 주의해야 할 점들**


다세대주택은 일단 한 건물에 여러 가구가 함께 생활한다는 점에서 외톨이라는 개념은 지워버릴 수 있다. 그러나 바로 그런 점 때문에 발생할 수 있는 또 다른 위험성이 있다.

모르는 사람이 드나들어도 그 사람이 다른 집을 방문한 것인지 범행의 위험성이 있는 사람인지 구분하기 어렵다는 점이다.

이런 위험은 이웃과 관계가 소원하다거나 워낙 많은 가구가 함께 사용하다 보니까 서로 무관심한 상황이 연출되면서 그것이 원인이 되어 발생할 수 있다. 따라서 낯선 사람이 방문하면 즉시 알아볼 수 있도록 평소에 이웃과 관계를 친밀하게 유지하는 것이 가장 우선적인 방범 조건이다.

또 여러 가구가 함께 생활한다는 점 때문에 방범 문제에 소홀해지기 쉬운 점도 위험을 유발시키는 요인으로 작용할 수 있다. 그런 문제들을 염두에 두고 점검해야 할 사항들을 정리해보자.

1. 범인이 비상계단을 통하여 침입할 여지는 없는가?
2. 경비원이 있다면, 경비체제는 원활하게 돌아가고 있는가?
3. 낯선 사람을 쉽게 알아볼 수 있도록 이웃과 친밀한 관계를 유지하고 있는가?
4. 외부에서 출입하기 어려운 환경이 조성되어 있는가? (예를 들면, 비밀번호를 이용하여 공동현관을 개폐하는 장치 등)
5. 안전성이 높은 시건 장치를 사용하고 있는가?
6. 보조 잠금장치를 이용하고 있는가?
7. 공동 현관과 문 앞을 집안에서 쉽게 확인할 수 있는가? (모니터, 창문을 통한 확인 등)
8. 수도계량기함 등에 열쇠를 두고 다니지는 않는가?

9. 문단속은 철저하게 이루어지고 있는가?

10. 특별한 유리를 사용한 창문을 사용하고 있는가? (방범용 필름 부착 등)

11. 잠을 잘 때에 집 안을 가릴 수 있는 커튼을 사용하고 있는가?

12. 범인이 베란다를 통하여 침입할 가능성은 없는가?

13. 엘리베이터가 있다면 비상버튼은 어린이의 손이 닿을 수 있는 위치에 설치되어 있는가?

14. 엘리베이터가 고장이 났을 경우의 대비책은 철저하게 이루어지고 있는가?

15. 주민들의 방범의식이 높은 편인가?

16. 반상회 등을 통하여 방범에 관한 지식이나 정보를 공유하고 있는가?

공동주택의 경우에는 아이의 안전을 위해 가장 신경을 써야 하는 점이 이웃과 관계라는 사실을 잊지 말자. 설사 부모가 없더라도 이웃 아저씨나 아주머니에게 언제든지 도움을 요청할 수 있도록 이웃과의 관계를 소중하게 유지해야 한다.

공동주택에서는 아이의 얼굴이 이웃에 잘 알려져 있고 예의 바른 아이라는 인식을 심어주는 것이 아이의 안전에 매우 중요한 의미를 가진다.

# 가정에서 발생할 수 있는 인터넷 범죄들

서로의 얼굴을 보지 않는 상태에서 이루어지는 관계성은 매우 위험하며 사기성, 폭력성, 도박성, 음란성도 강하다. 이런 문제들에 주의하면서 적절하게 활용하게 하는 것이 인터넷 범죄를 예방하는 방법이다.

## 인터넷은 범죄의 온상

인터넷은 정보를 주고받는 매체로써 엄청난 효력을 발휘하는, 우리의 생활에 큰 도움이 되는 장치다. 하지만 사랑하는 아이에게 정신적 충격을 안겨줄 가능성도 높고 아이를 범죄의 대상으로 삼는 가장 간편한 수단으로 활용되기도 한다. 이익을 안겨주는 만큼 피해도 크다는 의미다. 하지만 이제 우리는 인터넷을 떠나서는 살 수 없을 정도로 컴퓨터와 인터넷은 우리의 생활과 밀접한 관계가 있다.

중요한 점은 아이에게 끼치는 인터넷의 악영향이다. 이런 문제는 날이 갈수록 더욱 심각한 양상을 띠면서 다양한 방법으로 확산

되고 있다.

우리나라의 경우, 인터넷 왕국이라는 평가를 받을 정도로 거의 대부분의 가정에서 인터넷을 사용하고 있다. 그리고 대부분의 아이들은 하루도 빠짐없이 인터넷을 이용한다. 성인보다 더 많은 시간을 인터넷 사용을 위해 활용하고 있기 때문에 범죄의 위험성에 노출될 가능성도 크다.

아이들이 피해를 당할 수 있는 인터넷 범죄를 크게 분류하면 다음과 같다.

### 1. 유해사이트 접속

인터넷은 누구나 간단히 접속할 수 있을 뿐 아니라 어지간한 아이들은 자신의 카페나 블로그를 한 개 이상 가지고 있다. 또 다른 사람의 홈페이지나 카페, 또는 블로그도 쉽게 방문할 수 있다. 그리고 '팝업 창'이라고 해서 특정 사이트에 접속하면 벌거벗은 여성이나 남성의 모습이 그대로 표현되어 있는 '창'이 그대로 노출된다. 따라서 아이들은 마우스를 클릭 하는 것만으로 성인사이트를 비롯한 음란물 사이트에 쉽게 접속할 수 있다. 여기에서 발생하는 피해는 정신적 피해를 비롯하여 현실적 범죄 유발 등 헤아릴 수 없을 정도로 심각하다. 얼마 전에는 초등학교 5학년 어린이가 포르노사이트를 운영하여 적발된 사례도 있으며, 최근의 '체벌카

페(변태성욕과 관련된)' 역시 이러한 사실을 반증한다.

그 뿐 아니라 '살인', '처형', '자살' 등을 다룬 사이트에도 쉽게 접속할 수 있기 때문에 이런 장면을 보고 충격을 받거나 호기심을 느낀 아이가 범죄를 저지르는 결과를 낳기도 한다.

## 2. 금전적 손해

특정 사이트에 접속해 있는 동안에 나타나는 광고(팝업)에 호기심을 느낀 아이가 그 사이트에 가입할 경우, 달콤한 광고에 속

아 휴대전화번호를 기입하여 엄청난 금액의 청구서가 날아오는 경우도 있다. 이런 종류의 사이트는 매우 많을 뿐 아니라 '무료 가입'을 내세운 뒤에 거의 보이지 않을 정도의 작은 글씨로 '일정 기간이 지나면 유료로 자동 전환한다'는 문구를 추가하여(나중에 법적인 책임을 피하기 위해) 순진한 아이들을 유혹한다.

### 3. 게시판의 댓글에 의한 정신적 충격과 복수심

설사 이상한 사이트가 아니라고 해도 자유게시판에 글을 올렸다가 악플(비방하는 내용의 글)에 분노를 느낀 아이들끼리 현실 세계에서 만나 싸움을 벌이는 경우도 있다. 대부분의 사이트나 홈페이지에는 자유게시판이 있어서 자신이 하고 싶은 말을 마음대로 할 수 있도록 만들어져 있지만, 이 글에 댓글이 반복적으로 올려지는 과정에서 악플이 발생하고 거기에 앙심을 품고 상대를 추적, 현실적 공간에서 상해를 입히는 상황이 발생하는 것이다.

### 4. 채팅의 유혹

용돈이 풍족하지 않거나 성에 대해 무지한 아이들이 인터넷 채팅으로 대화를 나누다가 불순한 목적을 가진 어른들의 유혹에 넘어가 번개팅이나 즉석만남 등을 통하여 매춘 행위에 빠지는 경우도 있다. '060유료전화'라고 하여 성적인 대화를 해 주고 돈을 벌

154

거나 화상채팅이라고 해서 컴퓨터를 매개체로 삼아 알몸을 보여
주고 돈을 버는 유사매춘행위도 이루어지고 있는 실정이다.

### 5. 만남 사이트를 이용한 유괴나 성범죄

4와 비슷한 경우인데 만남 사이트를 이용하여 접근, 아이를 유
괴하거나 성범죄를 저지르는 범인도 있다. 이 역시 아이들에게 용
돈을 제시하거나 아이가 호기심을 느끼는 부분을 충족시켜 줄 수
있다는 점을 앞세워 유혹하는 방법이 자주 이용된다.

이 밖에도 인터넷을 통한 범죄는 매우 많다. 그렇다고 거의 모
든 아이들이 이용하고 있는 인터넷을 이용하지 못하게 막을 수도
없는 노릇이다. 자 그렇다면 인터넷 범죄를 막기 위한 방법은 어
떤 것이 있는지 알아보자.

## 인터넷을 활용하는 방법을 가르쳐라

인터넷을 통하여 피해를 입지 않으려면 자녀와 다음과 같은 규
칙을 정해놓는 것이 좋다.

1. 인터넷을 이용할 때는 반드시 부모님과 약속한 상태에서 이용한다 (예 : 1일 1시간).

2. 이름이나 주소, 전화번호 같은 개인정보를 함부로 입력하지 않는다.

3. 링크되어 있는 창이나 팝업 창은 접속하지 않는다.

4. 인터넷 쇼핑은 필요시에 부모님 동석 하에 한다.

5. 인터넷을 통하여 알게 된 사람은 부모님의 허락 없이 절대로 만나지 않는다.


인터넷 통신의 발달에 의해 해마다 복잡해지고 다양해지는 인터넷 범죄의 피해를 예방하려면 이용하는 사람이 올바르고 안전하게 사용하는 방법을 숙지하고 있어야 하며 분명한 목적을 가지고 이용해야 한다. 부모의 입장에서는 불량사이트나 성인사이트를 차단하는 기능을 반드시 설치해야 하고 인터넷을 활용하는 방법에 관하여 아이에게 확실히 가르쳐주어야 한다. 그리고 아이가 인터넷 사용을 끝낸 뒤에는 반드시 어떤 사이트를 들락거렸는지 확인해보아야 한다.

인터넷을 잘 활용할 경우 얻을 수 있는 장점은 무궁무진하다. 가장 기본적인 것은 정보수집이지만 학습과 관련을 지을 수도 있고 부족한 지식이나 궁금증을 해결하는 수단, 학교 친구들과 다양한 대화 등 도움이 되는 부분은 정말 막대하다. 그러나 앞에서도 설명했듯 인터넷 때문에 발생하는 범죄는 어린이와 청소년을 대상으로 하는 범죄의 상당 부분을 차지한다.

그만큼 서로의 얼굴을 보지 않는 상태에서 이루어지는 관계성은 매우 위험하며 사기성, 폭력성, 도박성, 음란성도 강하다. 이런 문제들에 주의하면서 적절하게 활용하게 하는 것이 인터넷 범죄를 예방하는 방법이다.

예를 들어, 홈페이지나 블로그를 만들어 유지하고 관리하는 방법을 배우는 것은 글을 정리하고 자료를 분류하는 기본적인 방법을 익히는 효과를 발휘할 뿐 아니라 자신을 다른 사람에게 소개할 때의 자세, 글을 통한 사람들의 인성 등을 파악하는 능력도 갖추게 해 준다.

정보를 수집하는 것도 단순히 정보를 검색해보고 끝내는 것이 아니라 한글로 파일을 만들게 하여(여행 관련 정보, 요리 관련 정보, 잡학 관련 정보 등) 한 번 검색한 내용을 한글 파일에 저장, 정리하게 하면 나중에 찾기 쉽고 검색하기 쉬운 자기만의 책자(한글파일로 이루어진)를 만들 수 있다.

이런 식으로, 인터넷을 사용하는 것만으로 끝내는 것이 아니라 다른 부분과 연결시키고 접목시키는 방법을 가르쳐주면 그 자체만으로도 아이는 즐거움을 느낄 것이다.

# 5

# 자녀를 위한
# 방범상식

# 범인이
# 범죄를 저지르는 동기

아이는 아이답게, 흙이 묻어도 괜찮은 평범한 옷을 단정하게 입고 친구들과 함께 자연스럽게 어울려 놀 수 있는 보통 아이로 키우는 것이 무엇보다 중요하다.

## 범인은 사전에 반드시 범죄대상을 정한다

아이들은 항상 범죄나 폭력의 위험에 노출되어 있다. 그 중에서 대표적인 것이 성희롱, 청소년 성매매, 음란 사이트 접속 등의 성과 관련된 범죄다.

범인이 아이를 표적으로 삼을 때는 나름대로 대상을 정하는 방법이 있는데, 그 기본이 약자라는 점이다.

범인이 범행을 저지르게 되는 동기를 분류하면 다음과 같다.

### 1. 중대한 사건을 일으켜서 많은 사람들의 주목을 받고 싶다

평소에 능력을 인정받지 못하는 생활을 하거나 자신감이 결여되어 있는 사람, 또는 사회에 대한 불만이 많은 사람에게서 흔히 볼 수 있는 동기. 상식적으로 이해하기 어려운 사건을 일으켜 사람들의 주목을 받으려 한다.

### 2. 아이는 어른에 비해 쉽게 접근할 수 있다

자신의 욕망을 해소할 수 있는 여건이 마련되어 있지 않거나 스스로에 대한 방어 능력이나 자신감이 결여되어 일반 성인을 상대로 욕망을 해소하는 데에는 두려움을 느끼기 때문에 아이를 대상으로 삼는다. 성범죄자들에게서 흔히 볼 수 있는 현상이다.

### 3. 독특한 욕망을 해소할 수 있다

여성들에게 피해의식을 가지고 있거나 변태적인 성향을 갖고 있지만 그런 성향을 자기 스스로도 인정하지 못하여 여성들에게는 밝히지 못하고 그 대신 아이들을 대상으로 욕망을 해소하는 경우. 역시 성범죄자들에게서 흔히 볼 수 있는 유형이다.

사실, 독특한 성향의 성적 망상을 가지고 있는 사람은 현실적으로 꽤 많이 존재한다. 다만 일반인들은 망상 자체로 끝내거나 이성이라는 자제력을 바탕으로 옳고 그른 행동을 구분하며 생활한다. 하지만 자신의 망상과 부합되는 매력을 지닌 아이를 자주 접하게 되는 경우에, 만약 그 아이가 손쉬운 상대라는 판단이 내려지면 그 순간 자기도 모르게 성적 충동을 발산하는 경우도 있다.

또 성범죄자는 대부분 남성이지만, 남자아이를 대상으로 성범죄를 저지르는 여성도 있다.

그들이 범죄를 저지를 때 내세우는 방법은 기본적으로는 '힘'과 '교묘한 말투'이다. 호기심이 많은 아이들에게 접근하여 친절을 앞세워 '교묘한 말투'로 유혹하고 '힘'을 앞세워 아이를 희생자로 만드는 것이다.

성범죄자들이 아이를 대상으로 범죄를 저지르는 순서는 다음과 같다고 알려져 있다.


1. 우선 아이가 '성'에 관한 호기심이나 흥미가 있는 지 자연스럽게 확인한다.

2. 친절한 어른을 가장하여 아이의 말과 행동에 관심을 보이는 것으로 친구처럼 편안한 분위기를 만든다.

3. 아이와 자주 접촉하게 되면 '성'과 관련된 어떤 문제이든 지극히 자연스러운 것이며 결코 혐오하거나 수치스럽게 생각해야 할 문제가 아니라는 인식을 아이에게 심어준다.

4. '성'이 재미있고 매력적인 행위라는 인식을 심어주면서 조금씩 위험수위를 향해 아이를 유도한다.

아이들이 항상 위험에 노출되어 있는 이유는 성장하면서 어른들에게 사랑과 주목을 받고 싶어 하는, 나아가 인정을 받고 싶어 하는 순수한 욕망이 심리의 바탕에 깔려 있기 때문이다.

하지만 부모는 그런 아이들의 순수한 욕망을 무조건 충족시켜 줄 수 없다. 때로는 교육을 위해 인내를 강요하기도 하고 부모 자신의 생활이 우선되어 아이의 심리를 읽을만한 마음의 여유를 잃기도 하기 때문이다. 바로 이런 상황에 놓여 있는 아이가 성범죄자의 마수에 걸려들면 아이는 단지 '나를 인정해 준다'는 이유에서 성범죄자의 유혹에 쉽게 넘어가고 만다. 그런 아이들은 나이가 들면서 청소년 성매매라는 바람직하지 못한 길로 접어들기도 한다.

그리고 성범죄의 경우에는 대부분 접촉이 많은 사람들에 의해 이루어지기 때문에 아이 주변에 있는(부모와 가까운 사람이라고 해서 예외는 없다) 사람들에게 특히 신경 쓸 필요가 있다.

한편으로, 부모가 늘 아이와 함께 있을 수는 없기 때문에 자신감 있는 아이, 자기주장을 확실하게 할 수 있는 아이로 키워야 한다.


## 아이는 아이답게 키워라

범인이 대상을 정할 때에는 또 다른 기준도 작용한다. 이른바

'튀어 보이는 아이' 다. 범인이 특별히 계획적으로 범죄를 구상하고 있지 않은 우발적인 범행인 경우에는 다른 아이들처럼 평범해 보이지 않고 어딘가 모르게 튀어 보이는 아이를 우선적으로 범죄의 대상으로 삼는다.

그렇다면 튀어 보이는 아이는 어떤 아이일까?

### 1. 보통 아이들과 달리 값비싼 옷을 걸치고 다닌다

이른바 명품 등 아이에게는 어울리지 않는 화려한 복장을 하고 있는 아이는 유괴 사건의 피해자가 되기 쉽다.

### 2. 친구들과 함께 어울리지 않고 외톨이로 행동한다

혼자 외톨이로 다닌다는 것은 기본적으로 대인관계에 능숙하지 못하며 자기주장이 분명하지 않거나 자신이 없는 아이일 가능성이 높다. 따라서 성범죄자의 표적이 되기 쉽다.

### 3. 복장이 흐트러져 있고 산만하다

복장이 단정해 보이지 않고 안정감이 없어 보이는 아이는 자기 자신을 관리하는 방법을 제대로 배우지 못했거나 상황을 판단하는 능력이 결여되어 있다는 뜻이다. 따라서 유괴 사건이나 성범죄의 표적이 되기 쉽다.

한 마디로 잘라 말하면, 평범하지 않은 아이가 위험에 노출될 가능성이 높다.

엄마들은 어떻게든 자녀를 예쁘고 귀엽게 보이기 위해서 좋은 옷, 좋은 물건들을 사 주지만 더불어 살아가는 세상에서 아이에게 어울리지 않는 값비싼 옷이나 물건을 들고 다닌다는 것은 바람직한 결과만 부르는 것은 아니다.

수업이 끝나는 시간에 사립학교 앞에 가보면 자동차를 몰고 와서 아이를 데려가는 부모들이 있는데 이런 경우에는 계획적인 범행의 대상이 될 가능성도 높다.

아이는 아이답게, 흙이 묻어도 괜찮은 평범한 옷을 단정하게 입고 친구들과 함께 자연스럽게 어울려 놀 수 있는 보통 아이로 키우는 것이 무엇보다 중요하다.

# 뉴스는 자연스럽게 방범 교육을 할 수 있는 시청각 자료

아이들은 어린 시절부터 텔레비전과 컴퓨터에 익숙해져 있기 때문에 귀로 듣고 머리 속에서 정리를 하는 것보다는 눈으로 보고 그 영상을 그대로 인식하는 데에 더 발달되어 있다.

## 뉴스를 보면서 아이와 함께 범죄를 분석하라

아이를 대상으로 범죄의 위험성과 범죄가 발생하는 상황, 그리고 결과 등을 추상적으로 설명하는 것은 매우 어려운 일이다.

아무리 논리적으로 각본을 짜서 설명해 주어도 아이는 부모의 말을 이해하지 못한다. 설사 이해한다고 해도 한쪽으로 치우친 편향적인 이해가 될 뿐이다. 그 때문에 '낯선 사람'을 조심하라고 가르치면 상대가 누구이든 처음 보는 사람은 무조건 나쁜 사람으로 인식하고 기피하는 행동을 보이기도 한다. 만약 부모의 친구가 집을 방문했는데 이런 모습을 보인다면 가정교육을 받지 못한 버릇없는 아이라는 인상을 심어줄 수도 있다.

아이에게 범죄를 쉽게 설명하려면 뉴스를 활용하자. 아이와 함께 뉴스를 보는 것이다.

유치원에 다니는 아이가 동네에서 친하게 알고 지내는 아저씨에게 성범죄를 당했다는 뉴스가 보도되었다고 하자. 이 경우, 부모는 자연스럽게 그 상황을 설명할 수 있다.

"우리 ○○는 성범죄가 뭔지 아니?"

"몰라."

"그건 몸을 함부로 만지려 하는 거야."

"몸을 왜 만져?"

"궁금하고 재미있으니까."

"난 싫어. 저런 아저씨가 몸에 손을 대는 건 징그러워."

대화는 어디까지나 아이의 눈높이에 맞추어야 한다. 이 정도까지 대화를 끌어낼 수 있다면 성공이다. 그 이후에는 범죄 예방에 관한 이야기로 자연스럽게 옮겨가면 된다.

"그럼 만약 아는 아저씨나 오빠가 우리 ○○의 몸을 만지려고 하면 어떻게 할래?"

"싫다고 소리칠 거야."

"정말?"

"응!"

"그래, 우리 ○○는 정말 똑똑하네. 그럴 때에는 분명하게 싫다고 말해야 돼. 그래도 계속 만지려고 하면 '소리 지를 거예요'라고 큰소리로 말해야 되는 거야. 나쁜 어른들이나 아이의 몸을 만지는 거니까. 알았지?"

"응!"

유괴의 경우도 마찬가지다. 뉴스를 함께 시청하면서 사건 내용에 대해 함께 이야기하면서 아이의 대응 태도, 범죄를 생각하는 수준 등을 판단함과 동시에 그 예방법을 설명해주면 자연스럽게 범죄에 대한 경각심을 심어줄 수 있다.

추상적인 논리를 앞세운 가르침보다는 이쪽이 훨씬 효과적이다.

## 시청각 교육만큼 확실한 교육은 없다

요즘에는 케이블 방송에서 '범죄'를 다룬 프로그램을 자주 방영해 준다. 이들 프로그램은 각종 범죄 상황을 재연하는 형식으로 꾸며져 있기 때문에 아이에게 더욱 확실하게 범죄에 대한 인식을 심어줄 수 있다.

어떤 교육이든 논리만을 강조하여 주입하는 교육보다는 눈과 귀를 이용한, 특히 시각을 이용한 교육이 훨씬 효과적이다.

요즘 아이들은 어린 시절부터 텔레비전과 컴퓨터에 익숙해져 있기 때문에 귀로 듣고 머리 속에서 정리를 하는 것보다는 눈으로 보고 그 영상을 그대로 인식하는 데에 더 발달되어 있다. 따라서 아무 것도 모르는 유치원생이라고 해도 스토리가 구성되어 있는 이야기는 자연스럽게 이해하는 수준에 올라 있다.

물론, 범죄를 다룬 프로그램이기 때문에 폭력성이나 선정성에서 문제가 있을 수도 있다. 하지만 이것은 혼자 시청을 할 경우의 이야기이고 부모와 함께 시청하는 이상, 그런 영상이 나올 때에는 적절하게 설명을 해주면 된다.

중요한 것은 아이가 현실적으로 어떤 상황이 발생할 수 있는지, 어떤 경우에 범죄의 대상이 될 수 있는지, 그리고 범죄의 대상이 된 이후에는 어떤 식으로 대처해야 하는지 눈으로 직접 보고 이해하는 것이다.

아이의 입장에서 볼 때, 시청각 교육은 직접적인 경험과 거의 비슷한 효과가 있다. 아이들은 영상에 집중하기 쉬운 두뇌 구조를 갖추고 있기 때문이다. 이런 구조를 적절하게 활용하여 아이가 범죄를 이해할 수 있도록 평소에 교육을 시키자.

# '수상한 사람'은
# 어떤 사람?

---

"저 아저씨 진짜 무섭게 생겼다. 그지?" 하고 말하는 엄마들이 있는데, 이런 행동은 아이가 '수상한 사람'을 생김새로 판단하게 만드는 결과를 초래할 수 있으니까 삼가야 한다.

## '수상한 사람'을 구별하는 잣대

어른의 경우에는 기본적인 지식과 경험이 갖추어져 있기 때문에 '수상한 사람'을 구별하는 방법에 있어서 나름대로 다양한 잣대를 가지고 있다.

그러나 아이들은 '수상한 사람'이 어떤 사람인지 이해하지 못하는 경우가 많다. '수상한 사람'이라는 말 자체가 매우 추상적이어서 실체가 없기 때문이다. 그저 막연히 '나쁜 사람', '좋지 않은 사람', '무서운 사람'이라는 식으로 받아들이기 쉽기 때문에 무섭게 생긴 사람은 모두 '수상한 사람'이 되어버린다. 그 때문에 외모가 조금 험악하다는 이유로 아이들 앞에만 서면 범죄자(?)가 되

172

어버리는 불쌍한 사람도 많다.

이처럼, 구별능력과 판단능력이 부족한 아이에게 '수상한 사람'을 설명하려면 어떻게 해야 할까?

사실, 어른들도 '수상한 사람'에 대해 제대로 설명하기 어렵다. 따라서 '이러이러하게 생긴 사람'이라고 설명할 것이 아니라 '이러이러한 행동을 하는 사람'이라고 설명하는 것이 중요하다.

"모르는 사람이 다가와 친절하게 말하면서 길을 몰라서 답답한데 안내 좀 해주겠냐고 물어보면 지나가는 어른을 불러서 길을 가르쳐주라고 말해야 한다"라는 식으로 '수상한 사람'의 행동에 대하여 설명해주는 것이다.

흔히 험악하게 생긴 사람이 지나가면 아이에게 "저 아저씨 진짜 무섭게 생겼다. 그지?" 하고 말하는 엄마들이 있는데, 이런 행동은 아이가 '수상한 사람'을 생김새로 판단하게 만드는 결과를 초래할 수 있으니까 삼가야 한다. 오히려 사람들의 행동양식을 보고 그것을 기준으로 설명해주는 것이 아이에게는 훨씬 도움이 된다. 아이도 옳은 행동, 그릇된 행동이라면 막연하기는 해도 어느 정도 판단할 수 있기 때문이다.

특히 성범죄와 관련된 교육은 상대방이 어떤 식으로 접근하고 어떤 식으로 행동할 때에 조심해야 하는지 가르쳐 주는 것이 올바르다.

## '수상한 사람'이 모두 범죄자는 아니다

이른바 '수상한 사람'(생김새를 바탕으로 한 정의)이라고 해서 모두 범죄자는 아니다. 또 행동이 수상쩍다고 해도 범죄와 전혀 상관이 없는 경우도 있다. 이 부분은 어떻게 설명해야 할까?

굳이 설명할 필요는 없다. 중요한 것은 아이가 범죄의 위험에 노출되지 않도록 하는 것이지 '수상한 사람'을 확실하게 구분하는 능력을 가르치는 것이 아니기 때문이다.

설사 범죄자가 아니라고 해도 '수상한 사람'의 기준에 해당하는 행동을 하는 사람이라면 아이는 일단 경계하고 피해야 한다. 정확한 판단을 내릴 필요는 없는 것이다. 아이가 위험한 상황에 휘말리지 않도록 하는 것이 중요하다.

단, 어떤 행동을 보이는 사람이 '수상한 사람'이라고 가르친다면, 자칫 아이가 그런 행동을 하는 사람은 모두가 '수상한 사람'이라고 잘못 인식할 우려가 있다. '수상한 사람'을 '나쁜 사람'으로 인식하도록 유도할 것이 아니라 '가능하면 피해야 할 사람' 정도로 인식하게 하는 것이 좋다.

"어떤 사람인지는 모르지만 혹시라도 피해를 줄 지 모르니까 피하는 게 안전하다"는 정도면 된다.

아이에게 어떤 교육을 시킬 때에 가장 주의해야 할 사항은 극단적인 말을 삼가라는 것이다. 부모의 극단적인 표현은 아이의 말투도 극단적으로 만들 수 있는데, 이것이 또 다른 범죄의 표적이 될 가능성도 있다.

앞에서도 설명했지만 편향적인 사고방식을 심어주는 것은 올바른 교육이 아니다. 부드러운 표현과 말투로 자연스럽게 아이를 이해시키는 것이 범죄 예방법을 가르치는 가장 바람직한 교육이다.

# 6

# 범죄를 당한 뒤의
# 마음의 상처를
# 치유하는 방법

# 부모의 관심이
# 자녀의 고민을 치유한다

부모는 자녀의 나이가 어리다는 이유에서 아무 것도 모를 거라고 생각하지만
아이는 아이 나름대로 부모 못지않은 판단력을 갖추고 있다.

## 잘 입히고 잘 먹이는 것만이 사랑이 아니다

부모라면 누구나 자기 자식을 배불리 먹이기 위해 노력한다. 맛
있는 음식, 특별한 음식, 값비싼 옷……

그러나 정말로 자녀를 사랑하는 부모는 의식주보다는 자녀의
마음에 더 신경을 쓴다. 그것은 곧 자녀에게서 눈길을 떼지 않고
어떤 변화라도 즉시 감지해낼 수 있는 사랑이다.

또, 잘 입히고 잘 먹이기 전에 자녀의 인간성이 도덕적, 윤리적
으로 제대로 갖추어지고 있는지 확인하면서 부족한 부분이 있으
면 지적하고 가르치며 경우에 따라서는 엄한 꾸지람도 할 수 있어
야 자녀를 사랑하는 부모라고 말할 수 있다.

버릇없는 아이, 예의를 모르는 아이, 툭 하면 욕설을 내뱉는 아이, 다른 사람에 대한 배려가 부족한 아이, 자기밖에 모르는 아이는 공동생활을 해야 하는 유치원이나 학교에 가면 반드시 문제를 일으킨다. 가해자의 입장이 되든 피해자의 입장이 되든 불순한 문제에 휩쓸리게 된다는 것은 결코 바람직한 현상은 아니다.

이런 아이들은 집안에서 자기 마음대로 행동하다가 유치원이나 학교에 들어가 공동생활을 하는 과정에서 자신에게 무엇인가 문제가 있다는 사실을 깨달으면 그 때부터 부모의 말에 귀를 기울이지 않게 된다. 잘못된 점을 잘못되었다고 야단치지 않고 칭찬만 하고 편만 들어준 부모가 결국 자신을 친구들과 다른, 무언가 부족한 사람으로 만들어놓았다는 사실을 깨닫는 순간 아이는 반항적으로 돌변한다.

이런 상황이 되면 아무리 아이를 설득하려 해도 아이는 부모의 말은 듣지 않는다. 그리고 유치원이나 학교를 기피하게 된다. 집에 있으면 모든 일이 자기 뜻대로 이루어지는데 유치원이나 학교에 가면 규칙이다, 규제다 하여 하나부터 열까지 번잡스런 문제만 강요당하기 때문이다. 이 때부터 등교거부나 폭력적 성향 등이 나타나기 시작하고 이것은 결국 범죄에 휘말리는 결과를 낳는다.

더 큰 문제는 설사 범죄에 휘말린다고 해도 그 사실을 부모에게 말하지 않는다는 것이다. 아이의 생각으로는, 부모는 자신의 말에 귀를 기울일 사람들도 아니고 상황을 파악할 수 있는 사람들도 아니기 때문이다.

자녀를 사랑한다는 것은 보편적인 삶, 더불어 살아가는 삶이 무엇인지 확실하게 인식할 수 있도록 가르쳐주고 습관화시켜주는 것이다. 자기 자식이 정말 뛰어난 아이라고 생각한다면 그럴수록 보편적인 삶과 더불어 살아가는 삶을 확실하게 인식시켜주어야 한다.

아이는 아이일 뿐이다. 성인이 될 때까지의 과정은 각각 다를 수밖에 없다. 그런 개성을 개발할 것은 개발하고 억제할 것은 억제하여 적절하게 조절해주어야 아이는 '사회'라는 영역 안에서 '개인'의 존재가 어떤 역할을 해야 인정을 받을 수 있는지 자연스럽게 방법을 터득하게 되고 옳고 그른 판단력을 갖추게 된다. 그렇게 되어야 비로소 범죄를 당할 위험성에서 멀리 떨어져 생활할 수 있다.

물론, 가정교육도 잘 받았고 흠 잡을 데 없을 정도로 '귀엽고 사랑스러운' 아이가 범죄에 휘말리는 경우도 있다. 그러나 그런 경우는 매우 드물고 대부분 피해자의 입장에 서게 된다.

아이는 부모의 손길에 의해 성장한다. 그 손길은 '사랑'과 '칭찬'뿐 아니라 '자제'와 '배려'라는 의미도 포함되어 있어야 비로소 화려한 꽃을 피울 수 있다.

## 자녀의 눈높이에서 생각할 수 있는 부모가 되라

앞에서도 설명했지만 자녀를 이해하려면 자녀의 눈높이에서 생각할 수 있는 부모가 되어야 한다.

돌이 지나면 아이들은 대부분 걷기 시작한다. 그리고 이른바 '눈치'도 볼 줄 안다. 어떤 행동을 할 때에 아이를 잘 살펴보면 거의 대부분 주변에 있는 어른의 얼굴을 한 번 바라보고 특별히 자신에게 주의를 주는 눈치가 없으면 서슴없이 원하는 행동에 나선다.

손님을 접대하기 위해 접시에 과일을 담아 놓았다고 하자. 아이는 슬금슬금 다가와 어른들의 눈치를 살핀다. 어른들이 미소를 띠고 바라보면 주저하지 않고 즉시 손을 뻗어 과일을 덥석 집어 든다. 하지만 어른들의 표정이 엄할 경우에는 눈은 그대로 맞춘 채 손만 움직여 과일 접시 쪽으로 조금씩 움직인다. 이 때, 어른들이 더 엄한 표정을 지으면 손길을 멈추고 울음을 터뜨린다.

이것은 무엇을 의미할까?

돌이 지난 아이라면 거의 갓난아기에 가깝지만 그래도 벌써 자신의 행동이 옳은 것인지 아닌지 판단할 수 있는 머리가 갖추어져 있다는 뜻이다.

즉, 부모는 자녀의 나이가 어리다는 이유에서 아무 것도 모를 거라고 생각하지만 아이는 아이 나름대로 부모 못지않은 판단력을 갖추고 있다는 의미다. 그런데 세 살, 다섯 살, 일곱 살이라면 오죽하겠는가. 그 때문에 나이에 맞게 옳고 그름을 확실하게 인식시켜줄 수 있는 교육이 필요하다.

앞에서 예를 든 것처럼 슬금슬금 다가와 어른들의 눈치를 살피면서 과일접시로 손을 뻗는 아이를 그대로 내버려두면 아이의 입장에서는 그것이 자신에게 충분히 허용되는 행위라고 받아들인다. 그리고 그런 일이 몇 차례 반복되면 나중에 아무리 잘못된 것이라고 바로잡으려 해도 아이는 반항만 할 뿐 부모의 말은 듣지 않는다. 이미 첫 단계에서 아이의 눈높이에서 생각하지 않았기 때문에 이런 결과가 나타나는 것이다.

그리고 옳고 그름을 명확하게 판단할 줄 모르는 아이는 나중에 그 부모가 늙고 힘없는 상황에 처했을 때 절대로 돌아보지 않는다는 점도 매우 중요하다. 자기밖에 모르는 아이는 어른으로 성장한 이후에도 역시 자기밖에 모른다. 그런 사람이 사랑을 받을 리 없고 부모가 어떤 존재인지 이해할 리 없다. 그런데도 부모는 스스로 자식을 그렇게 키워놓고 늙어서는 자기 자식이 문제가 있다며 사회에 도움을 청하려 한다.

이것은 심각한 사회적 공해이다. 자식을 그렇게 키운 탓에 다른 사람에게 피해를 주는 이기적인 인간을 탄생시켰을 뿐 아니라 늙어서는 부모로서 대접도 받지 못하고 그 대접을 사회에서 받으려 한다. 남들 다 낳는 아이를 낳은 것이 무슨 벼슬이라도 되는 양 자기 자식에게만 매달려 감싸주다가 문제가 발생하면 사회에 의지하려 하는 그릇된 사고방식을 가진 이런 부모들 때문에 사회는 불안해지고 범죄는 꼬리를 물고 이어진다.

갓난아기 시절부터, 아이의 눈높이에 맞추어 생각할 줄 아는 부모가 되어야 한다. 그것이 습관화되면 아이에게 정말로 필요한 것이 무엇인지, 아이가 정말로 원하는 것이 무엇인지 정확하게 읽을 수 있고 그것이 곧 범죄를 예방하는 방법론과 연결되며 설사 아이가 범죄에 휘말렸다고 해도 그 사실을 대화로 풀어나갈 수 있는 여건이 마련된다.

아이의 눈높이에 맞춘다는 것은 아이와 마음을 터놓고 대화할 수 있는 환경을 만드는 것이며 이것은 범죄가 발생한 이후에 아이의 심리를 정상으로 전환시킬 때에 가장 큰 요인으로 작용한다.

# 자녀의 변화(폭력적, 내성적, 비판적)에 주목하라

중요한 점은 아이에게 어떤 변화가 발생했는지 알아내는 것이다. 일단 아이의 변화를 알아야 거기에 맞는 적절한 조치도 취할 수 있다.

## 갑작스런 폭력성

아이가 갑자기 폭력적인 성향을 보일 때에는 우선 아이의 기본적인 성향을 살펴본다.

1. 이기적이지 않는가?
2. 독단적이지 않는가?
3. 공동생활에 쉽게 적응할 수 있는 성격, 즉 다른 사람을 배려하는 자세를 갖추고 있는가?
4. 쉽게 짜증을 내는 타입인가?
5. 어른을 공경하는 예절을 확실하게 갖추고 있는가?

6. 인내심을 갖추고 있는가?

7. 음식을 가려먹는 타입은 아닌가?

8. 남에게 지기 싫어하는 성격인가?

9. 공부(총체적인 학습능력)에 관심을 보이는 타입인가?

10. 다른 아이들과 잘 어울리는 성격인가?


그리고 다음과 같은 문제들을 예상해본다.


1. 학교에서 폭력적인 문제에 휘말려 있지는 않은가?

2. 학교라는 단체생활, 공동생활에 지쳐 있지는 않은가?

3. 학교의 규칙이나 규제에 적응하지 못하고 있는 것은 아닌가?

4. 선생님에게 불만을 느끼고 있는 것은 아닌가?

5. 혹시 성적인 희롱을 당한 것은 아닌가?

6. 부모관계에서 어떤 문제가 있는 것은 아닌가?

7. 아이와 관련된 주변 환경에 문제가 있는 것은 아닌가? (인터넷 게임중독, 교우관계 등)


위에서 제시한 성향과 문제를 종합적으로 정리한 다음, 아이의 성격에 맞추어 간접적인 대답을 유도하는 대화를 다음 예와 같이 시도해 본다.


186

"담임선생님이 마음에 드니? 전에 뵈니까 조금 까다로운 분 같 던데, 그렇지?"

"요즘에는 수업시간에 떠들거나 자는 아이들이 많다는데 너희 반에는 그런 아이 없니? 그런 아이가 있으면 공부할 때 짜증이 많 이 날 거야."

"학교에서 공부하는 건 정말 힘들어. 엄마도 학교 다닐 때 가기 싫은 적이 한두 번이 아니었단다. 공부는 정말 지겨워, 안 그래?"

"피곤할 때는 수업시간에 졸 수도 있는데 선생님은 야단만 치 고…. 엄마도 학교 다닐 때 수업시간에 졸다가 선생님이 던진 분 필에 얻어맞고 깬 적이 있단다. 그런데 지금 생각해보면 그런 것 들이 모두 좋은 추억이야. 그 선생님이 제일 보고 싶단다. 너는 그 런 일 없었니?"

이렇게 아이의 성향과 예상을 종합적으로 판단한 상태에서 유 도성 질문을 던지면 아이는 엄마도 자신과 비슷한 경험이 있다는 것을 알고, 그런 엄마라면 자신에게 발생한 문제에 관하여 충분히 이해해줄 것이라는 생각에 마음을 터놓고 대화를 나누게 된다.

갑자기 폭력적인 성향을 띠는 아이는 반드시 이유가 있다. 하지 만 그 이유를 알아내기 위해 강압적인 방법을 사용하거나 아이를 윽박지르면 아이는 절대로 입을 열지 않는다. 자신을 이해해줄 대 상으로 생각하지 않기 때문이다.

자녀가 폭력적인 문제에 휘말렸을 경우에 나타나는 변화를 정리하면 다음과 같다.


1. 공포영화나 폭력성이 강한 영화에 강한 집착을 보인다.

2. 감정을 심하게 드러내는 말이나 행동을 한다.

3. 조직폭력배나 과거의 주먹세계 관련 인물에 대해 필요 이상으로 자세히 알고 있다.

4. 자기는 다른 사람과 다르다는 강한 우월감 또는 소외감을 가지고 있다.

5. 폭력적인 게임이나 영화의 주인공을 숭배하는 경향을 보인다.

6. 자기는 문제가 없고 다른 사람들은 문제가 많다는 식의 강한 피해의식을 보인다.

7. 특정 인물을 대상으로 언젠가 가만두지 않겠다는 등의 강한 오기를 드러내 보인다.

8. 사람을 대할 때에 합당하지 않은 언행을 보인다.

9. 극단적인 양면성을 보이는 경향이 강하다.

10. 동물을 괴롭히는 것을 즐긴다.

11. 칼 같은 흉기에 강한 집착을 보이거나 그것을 지니고 다닌다.

12. 생명을 경시하는 태도를 보인다.

## 비판적인 행동에는 이유가 있다

아이가 갑자기 비판적인 성향을 보이는 경우도 있다.

"우리 반 담임선생님은 정말 마음에 안 들어!"

"나 학교 가기 싫어! 짜증 나!"

"○○는 정말 얄미워. 별 것도 아닌 게 잘난 척만 하고!"

이렇게 누군가 확실한 대상을 두고 비판을 할 경우에도 역시 아이의 기본적인 성향을 분석한 뒤에 그 대상이 어떤 인물인지부터 정확하게 알아내야 한다.

담임선생님이 규칙을 매우 중시하는 분이라면 아이는 그런 환경에 적응하지 못하고 있다는 의미다. 또, ○○라는 아이가 모범적이고 반에서 1, 2등을 다툴 정도로 공부를 잘한다면 아이는 그 부분에 질투를 느끼고 있는 것이다. 이런 경우에는 간단히 그 부분에 관하여 옳고 그른 판단을 내릴 수 있도록 이해시켜주면 된다.

한편, ○○라는 아이가 폭력적이고 다른 학생에게 피해를 끼치는 아이라면 이것은 자녀의 문제가 아니라 그 아이의 문제다. 따라서 즉시 담임선생님과 상담을 하여 문제를 해결할 수 있는 방법을 모색해야 한다.

단, 여기에서 주의해야 할 점은 그런 사실을 표면화하거나 소문을 내지 말아야 한다는 것이다. 일단은 담임선생님과 조용한 상담을 통하여 문제를 학교 내부에서 선생님이 풀어나갈 수 있도록 유도하는 것이 바람직하다. 그리고 세상에는 여러 종류의 사람이 함께 살고 있다는 것, 그런 학생도 함께 더불어 살아가야 하는 대상이라는 것을 자녀가 충분히 이해할 수 있도록 지도하는 한편으로 그런 아이들도 사랑하고 감싸줄 수 있어야 큰 인물이 될 수 있다는 등의 자녀의 자존심을 충족시킬 수 있는 말도 잊지 않고 건네야 한다.

이렇게 조치를 한 이후에도 문제가 해결되지 않아 자녀가 시간이 흐를수록 더욱 비판적인 성향을 보인다면, 그 때는 심각한 문

제로 받아들이고 직접 학교를 찾아가 과감한 조치를 취해야 한다.

중요한 점은 아이에게 어떤 변화가 발생했는지 알아내는 것이다. 일단 아이의 변화를 알아야 거기에 맞는 적절한 조치도 취할 수 있다.

무엇인가 문제가 발생했을 때, 따돌림을 당했다거나 폭력의 피해를 당했을 때 나타나는 아이의 변화를 정리하면 다음과 같다.

1. 음식에 강한 집착을 보이거나 음식을 거부하는 극단적인 행동을 보인다.

2. 자기는 무엇이든 할 수 있다는 식으로 책임질 수 없는 문제들을 떠맡으려 한다.

3. 다른 사람의 능력을 인정하거나 칭찬하는 언행을 찾아보기 어렵다.

4. 실수를 저지르더라도 자기 탓이 아니라며 어떻게든 책임을 회피하려 한다.

5. 부모의 말을 무시하거나 반항하는 태도를 보인다.

6. 자기의 생각이나 의견을 자신 있게 표현하지 못한다.

7. 문제를 해결하기 위해 거친 말을 사용하거나 폭력적인 행동을 보인다.

8. 툭 하면 머리가 아프다거나 배가 아프다며 통증을 호소한다.

9. 기운이 없다.

10. 어딘가 불안한 모습을 보인다.

11. 별 것 아닌 일에도 폭력적인 성향을 보인다.

12. 무슨 일이든 충동적으로 하는 경향이 있다.

13. 자기 자신에게 혐오감을 느끼거나 비판적인 성향을 보인다.

14. 모든 일에서 최고의 대접을 받지 못하면 즉시 불만을 터뜨린다.

15. 친구가 없다.

16. 어른에 대해 예의를 갖추지 않는다.

17. 남의 물건을 훔치거나 파괴하는 행동을 보인다.

# 어떤 문제도 함께
# 대화할 수 있는 부모가 되라

아이를 '아이'로만 생각하면, 자녀 역시 부모의 마음을 이해하기 어렵고 부모의 주장을 수용하기 어렵다. 따라서 자녀와 대화를 나눌 때의 모든 책임은 기본적으로 부모에게 있다.

## 아이도 대화를 할 줄 안다

어휘능력에 있어서 아이는 도저히 어른을 따라올 수 없다. 또 말 자체가 논리성이 결여될 수밖에 없고 사고의 영역도 좁다. 하지만 표현능력에서 어른에게 뒤질 뿐이지 감정적으로는 아이도 어른과 다를 것이 없다. 즉, 아이도 대화를 할 줄 아는 것이다.

그런데도 부모는 아이를 '아이'로만 생각할 뿐 대화의 상대로 받아들이지 않는 경우가 많다. 그래서 툭 하면 강요하는 방식, 명령하는 방식, 지시하는 방식으로 자녀를 대한다. 그리고 그것이 자녀와의 대화라고 생각한다.

대화는 상대방의 마음을 이해하기 위해 노력하면서 상대방의 주장을 일단 수용하고 자신의 생각이 다른 경우에는 그에 대한 보충설명을 해주는 형식으로 이루어지는 것이다.

아이를 '아이'로만 생각하면, 자녀 역시 부모의 마음을 이해하기 어렵고 부모의 주장을 수용하기 어렵다. 따라서 자녀와 대화를 나눌 때의 모든 책임은 기본적으로 부모에게 있다. 즉, 자녀와 대화를 할 수 없다는 것은 무능력한 부모라는 뜻이다.

아이도 대화를 할 줄 안다. 부모는 아이들의 대화 방법을 먼저 이해하려는 자세를 갖추어야 한다.

유치원에 다니는 딸아이가 성적으로 희롱을 당했다고 하자. 그 대상은 평소에 가깝게 지내면서 딸아이를 동생처럼 보살펴주는 이웃집 중학생이다. 딸아이는 성희롱이 무엇인지는 모르지만 그 오빠가 팬티를 내리고 몸을 만지는 행위에는 거부감을 느꼈고 왠지 모르게 그것이 옳지 않다고 막연하게 느꼈다. 그리고 그 오빠가 "엄마, 아빠에게는 절대로 말하지 마. 만약 엄마, 아빠에게 말하면 너하고 다시는 안 놀 거야" 하고 말했기 때문에 약속도 지켜야 하고 왠지 옳지 않은 일을 했다는 생각에 입을 다물어버린다.

하지만 어떤 사건이 발생했을 때, 아이는 자기도 모르게 변화한 모습을 보인다. 갑자기 하체에 유난히 신경을 쓰거나 옷을 벗으려 하지 않거나 짜증을 내는 등의 변화다. 그런데 부모는 그런 변화를 전혀 깨닫지 못한다.

딸아이는 시간이 흐르면서 자신에게 발생한 문제를 전혀 깨닫지 못하는 부모에게 서서히 실망하게 된다. 그런 한편, 부모도 얼마든지 속일 수 있다는 묘한 우월감을 느끼기 시작한다. 그 후 이웃 오빠의 성희롱은 더욱 심각한 양상으로 치닫는다.

한편, 부모가 딸아이의 변화를 눈치 챘을 경우는 어떨까?

"얘가 왜 이래? 목욕을 하자는데 왜 옷을 안 벗는 거야?"

"너 도대체 뭐가 불만이니? 왜 툭 하면 짜증을 내는 거야? 애가 갈수록 못 돼 가네."

"너 무슨 일 있었어? 왜 그렇게 몸을 사리니? 너 혹시 옆집 ○○하고 이상한 장난 한 거 아냐?"

이런 식으로 다그치면 아이는 입을 다물어버린다. 그리고 자기가 무슨 큰 잘못이라도 저지른 것으로 받아들여 울음을 터뜨린다. 더불어 부모에게 반항적인 태도를 보이게 된다.

이런 경우에도 역시 앞의 '자녀의 변화'에서 설명했듯이 아이의 성향을 판단하고 그 변화를 이해한 상태에서 자연스럽게 유도하는 질문을 던질 수 있어야 한다. 자녀의 친구가 되어 서로의 마음을 충분히 이해하고 대화할 수 있는 분위기를 연출하는 것이다.

## 대화는 경험에 의해 습득된다

어떤 대화이든 간에 대화는 자신의 생각을 입 밖으로 표현하는 것에서 시작된다. 즉, 말이다. 그리고 말은 습관과 경험에 의해 숙성된다. 말을 잘한다는 것은 말을 자주 해보았다는 의미이기도 하다.

어학 공부를 할 때에 소리 내어 읽으면서 공부하는 것과 마음속으로 중얼거리는 것은 엄청난 차이를 보인다. 말은 마음으로 하는 것이 아니라 혀와 입이 움직여야 표현되는 것이다. 그렇기 때문에 말은 습관이고 그 말을 이용하여 서로의 의견을 교환하는 것이 대화다.

자녀에게 무슨 일이 발생했을 때, 평소에 편한 마음으로 부모와 대화할 수 있는 분위기와 환경을 만들어두는 것도 중요하지만 그것을 적절하게 표현할 수 있는 경험을 쌓는 것도 매우 중요하다.

이것은 범죄에 휘말린 아이가 그 당시의 상황을 정확하게 설명하는 문제와 매우 깊은 관계가 있다.

과묵한 아이는 있을 수 없다. 그것은 환경이 아이를 과묵하게 만든 것일 뿐이다. 아이 자체는 입을 쉬지 않는다. 음식을 먹거나 어떤 일에 집중해 있을 때를 제외하면 아이들은 끊임없이 말을 하는 것으로 자신의 감정과 욕구를 표현한다.

아이가 어떤 문제를 가지고 질문을 해 올 때에는 가능하면 많은 이야기를 할 수 있도록 유도하는 것이 중요하다. 그것도 그냥 나오는 대로 하는 말이 아니라 논리적으로 말할 수 있도록, 상대방이 이해하기 쉽게 말할 수 있도록 자연스럽게 유도해야 한다. 이것은 언어의 논리성과 대화를 할 때의 자세를 갖추는 데에도 많은 도움이 된다.

범죄에 의해 상처를 받았을 경우, 부모와 마음을 터놓고 논리적으로 대화를 나누다 보면 어떤 문제이든 그 상처는 크게 줄어든다. 아이의 입장에서 볼 때, 자신과 마음이 통하고 말이 통하는 부모가 존재한다는 것 이상으로 든든한 방패막이는 없기 때문이다.

대부분의 경우, 자녀가 범죄에 휘말리면 부모는 대화 이전에 감정부터 드러낸다. 이것이 자녀를 더욱 움츠러들게 만드는 바람직하지 못한 결과를 낳는 것이다. 한 번 움츠러든 아이는 그 마음을 쉽게 열지 않는다.

# 냉정한 태도가 문제를
# 해결하는 전환점이 된다

초등학교에 다니는 아들이 학교에서 폭력 피해를 당했다고 하자. 이 때, 다음과
같은 말은 절대로 하지 말아야 한다. "학교에서 그런 일이 있었으면 그 때 말을
했어야 할 것 아냐!"

## 부모의 감정적 행동이 아이를 더욱 불안하게 만든다

아이에게 어떤 문제가 발생했을 때, 가장 바람직하지 못한 태도
는 감정적으로 행동하는 것이다.

초등학교에 다니는 아들이 학교에서 폭력 피해를 당했다고 하
자. 아이가 그 사실을 감추었기 때문에 한 달 정도 지난 뒤에야 부
모는 우연히 그 사실을 알게 되었다.

이 때, 다음과 같은 말은 절대로 하지 말아야 한다.

"학교에서 그런 일이 있었으면 그 때 말을 했어야 할 것 아냐!"

"너는 손이 없니, 발이 없니? 왜 맞고만 있어?"

"애가 왜 이렇게 기가 약하니? 정말 속 터져!"

"누구야? 내일 엄마랑 같이 가자. 내가 가만두지 않을 거야, 나쁜 놈!"

"선생님은 도대체 뭐 하는 사람이라니? 학교에서 그런 일이 일어났는데 그 나쁜 놈을 그냥 내버려둬?"

어떤 면에서 보면 자녀를 사랑하는 안타까운 마음에 자기도 모르게 튀어나오는 말이라고 생각할 수 있지만, 사실은 자녀의 입장을 이해하는 마음은 전혀 찾아볼 수 없는 무책임한 말들뿐이다. 여기에는 부모의 감정만이 깃들여 있을 뿐, 자녀가 처한 환경, 앞으로 발생할 수 있는 문제에 대한 대책, 현실적으로 자녀가 감당해야 할 정신적 충격 등에 관한 이해는 전혀 없다.

이런 상황이 발생했을 때에는 감정적으로 행동하지 않는 것이 가장 중요하다. 절대로 동요하지 말고 다음의 순서로 대화를 진행하는 것이 바람직하다.


### 1. 일단 자녀의 심리 상태를 파악한다.

①불안해한다 : 학교에서는 친구들 사이에 흔히 발생할 수 있는 문제라고 안심시킨 후에 불안감을 해소시킬 수 있는 방법을 생각한다. (우선 꼬옥 안아주는 것도 좋다)

②별 것 아니라고 생각한다 : 남자아이들 세계에서는 폭력이 별 것 아닌 걸로 받아들여지는 경우도 흔히 있다. 이 경우에는 크게

걱정할 일은 아니니까 문제는 스스로 해결하게 하고 '폭력' 자체와 관련된 바람직하지 못한 점들을 이해시킨다.

③극단적으로 피하려 한다 : 이 경우에는 자녀가 심각한 정신적 충격을 받았다고 판단할 수 있다. 따라서 선생님과 면담 등을 통하여 적극적으로 문제를 해결한다.

**2. 왜 그 당시에 이야기하지 않았는지 자녀의 입장을 물어본다.**

①부모에게 말하기 두려워서 : 이 경우에는 부모와 자녀의 대화에 문제가 있다. 평소에 자녀와 대화에 신중하지 않았다거나 자녀의 눈높이에서 이해하려는 자세가 부족한 경우에 이런 결과가 나타나기 쉽다. 따라서 이후부터는 자주 대화를 나누는 자세를 갖추는 것이 바람직하다.

②자존심이 상해서 : 남자아이의 폭력 문제인 경우, 대체적으로 자존심이 상해서 입을 다무는 경우가 많다. 하지만 폭력 문제는 자존심과 아무런 관계가 없다는 사실을 인식시켜 주어야 한다. 공부를 잘하는 아이가 있듯이 운동을 잘하는 아이도 있다. 각자의 재능을 살리면서 더불어 살아가는 것이 사회라는 사실을 인식시켜 준다. 그리고 폭력의 나쁜 점을 분명하게 설명해준다.

③스스로 해결하려고 : 스스로 해결하려는 의지는 일단 칭찬해준다. 아이들 사이에서 발생하는 문제는 가능하면 스스로 해결하

는 것이 가장 바람직하기 때문이다. 하지만 폭력을 폭력으로 해결하려는 복수심은 품지 않도록 주의를 준다. 만약 스스로 해결하려 한다면 부모는 간섭하지 않을 테니까 그 대신 폭력성이 강한 상대를 이해와 배려하는 마음으로 너그럽게 감싸서 폭력적 성향을 없애도록 유도하는 방법을 가르쳐준다. 이것은 리더십을 길러주는 결과를 낳을 수도 있다.

### 3. 어떤 상황에서 그런 사건이 발생한 것인지 확인한다.

①자녀에게는 잘못이 없었는가 : 자녀는 자신이 당했다는 부분에만 집착할 가능성이 높다. 자녀의 말이라고 해서 무조건 받아들일 것이 아니라 당시의 상황에서 자녀에게는 잘못이 없었는지, 만약 상황 설명을 들었을 때 그런 문제가 있다는 판단이 내려진다면 (예를 들어 상대의 단점을 트집 잡아 약을 올리는 행동이나 말로 폭력을 유발하는 행동을 했다면) 자녀의 잘못도 분명하게 지적하고 넘어가도록 한다. 그렇지 않고 자녀에게는 아무런 잘못이 없었다는 판단이 내려진다면 일단 자녀의 말을 수용하고 선생님과 상담을 하자.

②함께 싸운 것인가, 일방적으로 폭행을 당한 것인가 : 함께 싸운 것이라면 아이들의 성장과정에 흔히 있을 수 있는 일이다. 특히 남자아이들은 이런 싸움을 통해서 우정을 키워나가는 경우도

있다. 단, 친구끼리 싸우는 것은 바람직하지 않으며 그보다는 함께 무엇인가 목적을 이루기 위해 노력하는 과정을 통하여 더욱 가까워질 수 있는 방법을 찾아볼 수 있도록 지도한다. 반면에, 일방적으로 폭행을 당한 것이라면 심각한 문제로 받아들이고 선생님과 상담한다.

③주위에 다른 친구들은 없었는가, 다른 친구들이 있었다면 그 친구들은 어떻게 행동했는가 : 폭력 사건이 발생했을 때, 주위에 다른 친구들은 없었는지 확인한다. 만약 친구들이 있었다면 그 친구들은 어떤 식으로 행동했는지도 확인한다. 그리고 그런 친구들의 행동을 예로 들어 자녀가 그런 입장에 놓여 있을 때에는 어떻게 행동하는 것이 올바른 것인지 가르쳐 준다. 만약 친구들이 있었는데도 구경만 했다면 자녀에게도 어느 정도 문제가 있다. 그만큼 소중한 친구가 없다는 의미이기 때문이다. 따라서 친구관계도 다시 한 번 정리하여 지도해야 할 필요가 있다.

**4. 폭력을 가한 학생은 평소에 어떤 학생인지 물어본다.**

①모범적인 학생인데 갑자기 폭력을 휘두른 것인가 : 평소에 모범적인 학생이 갑자기 폭력을 휘둘렀다면 같은 부모의 입장에서 그 학생에게도 관심을 보이는 것이 바람직하다. 어쩌면 그 아이에게 변화가 발생하여 폭력적인 행동으로 나타났을 수도 있기 때문

202

이다. 또 자녀와의 관계에서 원인을 분명하게 파악할 수 있도록 노력한다.

②평소에도 다른 학생들에게 피해를 주는 학생인가 : 이런 학생이라면 반드시 선생님을 만나 상담을 하도록 한다. 평소에도 다른 학생들에게 피해를 주는 학생이라면 이것은 분명히 문제 학생이다. 문제 학생인 경우에는 아이들만의 노력으로 해결되기 어렵다. 따라서 반드시 선생님과 상담하여 바람직한 방향으로 해결할 수 있도록 노력해야 한다.

### 5. 그 이후, 자녀는 어떤 생각을 가지게 되었는지 확인한다.

①학교에 다니기 싫어한다 : 사소한 문제가 발단이 되어 학교 자체를 싫어하게 되는 경우는 아이들에게서 흔히 볼 수 있는 현상이다. 부모의 입장에서 보면 답답한 노릇이지만 자녀의 입장에서는 목숨을 걸 수 있을 정도로 중요한 문제일 수 있다. 가해 학생이 두려워 학교를 기피하게 되는 경우에는 사회에 대한 피해심리를 비롯한 심각한 부작용이 발생할 수 있다. 자녀가 이런 행동을 보일 때에는 선생님과 상담은 물론이고 자신감을 회복할 수 있도록 다양한 노력을 해야 한다. 이 때에는 청소년문제 상담센터와 상담을 해보는 것도 효과적이다.

②어떻게든 보복하려고 생각한다 : 폭력 문제에서 보복이 중심

이 되어버리면 그 이후에는 피해를 당한 자녀가 가해자가 될 수도 있다. 그런 악순환을 막으려면 보복보다는 포용력과 리더십이 더 중요하다는 사실을 분명하게 인식시켜주어야 한다.

③모든 일에 짜증을 내고 의욕을 잃어버린다 : 이 경우가 가장 심각하다고 말할 수 있다. 한 가지 일에 싫증이나 짜증을 느끼게 되면서 그것이 발단이 되어 모든 방면으로 확대되면 자녀의 정신건강은 매우 황폐해진다. 이런 경우에도 역시 자신감을 회복시켜 줄 수 있는 방법을 생각하는 한편으로 환경을 바꾸어주는 방법, 분위기를 바꾸어주는 방법 등을 생각하는 것이 바람직하다. 또 대화를 통해 의욕을 고취시켜 주는 노력도 필요하다.

### 6. 앞으로 어떻게 하고 싶은지, 자녀의 의견을 물어본다.

①전학을 가고 싶어한다 : 자녀가 전학을 원할 경우, 상황이 어느 정도 합당하다면 원하는 대로 해 준다. 그러나 굳이 전학을 갈 정도의 문제가 아니라면, 또는 가해 학생을 피하고 싶다는 단순한 의미만으로 전학을 원한다면 앞에서 설명한 다양한 방법으로 아이의 심리를 안정시켜 주고 끈기 있게 참고 이겨내는 인내심도 언급하면서 많은 대화를 나누는 것이 바람직하다. 부모와 마음을 터놓은 대화는 자녀의 판단에 큰 영향을 끼치기 때문이다.

②학교에 다니는 것 자체를 싫어한다 : 단순히 학교를 옮기는

것이 아니라 학교에 다니는 것 자체를 싫어하는 경우라면 가해 학생과의 문제 뿐 아니라 학교 자체에 적응이 되지 않는다는 의미다. 당연히 학교에 대한 사고방식을 바꾸어주고 적응하는 방법을 설명해주어야 하겠지만, 여러 가지 정황이나 상황을 살펴볼 때 자녀가 도저히 학교생활에 적응하기 어렵다는 판단이 내려진다면 (전문가와 상담을 통하여) 과감하게 학교를 그만두게 한다. 단, 초등학생이니까 다른 친구들이 중학교에 입학할 때에 함께 입학할 수 있도록 검정고시를 위한 준비를 한다는 식의 분명한 약속을

받아놓아야 한다. 한편, 혼자 공부하는 어려움 등에 대해서도 자녀가 충분히 이해할 수 있도록 설명해준다.

### 7. 전문기관과 상담하는 것이 바람직하다.

성폭력사건의 경우는 관련 상담실을 찾아 상담하는 것이 아이의 입장에서는 치료와 문제해결을 위해서 가장 좋고, 학교폭력 사건의 경우도 마찬가지이다. 대부분 학교 내에서 상담교사와 피해자·가해자 측 학부모들끼리 합의가 이루어지고 있으나, 성범죄 혹은 3주 이상의 진단을 받은 학교폭력 사건은 반드시 전문기관과 상담하는 것이 바람직하다.

이것은 이후에 사법적(민사소송, 형사소송) 상황으로 이어질 가능성이 크기 때문에 전문기관의 도움을 받으면 치료 상담이나 사법적 소송 등의 협조를 받을 수 있기 때문이다.


## 어떤 면에서는 부모가
## 아이를 가장 이해하지 못하는 사람일 수도 있다

대부분의 부모들은 자기만큼 자녀를 잘 이해하는 사람은 없다고 생각한다. 하지만 어떤 면에서는 그 아이에 대하여 부모가 가장 이해하지 못하는 사람일 수도 있다.

사람은 관계에 따라 이해하는 폭과 깊이가 달라진다. 부모와 자식의 관계, 친구의 관계, 이성의 관계, 친척의 관계에 따라 이해할 수 있는 폭과 깊이는 분명히 차이가 있다. 아무리 부모라고 해도 친구 관계는 이해하지 못하는 경우가 많은 것과 같다.

따라서 대화를 통하여 자녀의 상처받은 마음을 치유해줄 수 없다는 판단이 섰을 경우에는 즉시 전문가를 찾는 것이 좋다. 부모에게는 하지 못하는 말도 전문가에게는 할 수 있기 때문이다.

부모들이 실수를 저지르기 쉬운 부분이 이것이다. 자기 자식이니까 자기가 가장 잘 안다는 생각은 금물이다. 이런 사고방식에 얽매여 있는 한 자녀는 불행할 수밖에 없다. 물론 평소에 눈높이에 맞는 대화, 마음을 터놓은 대화를 자주 나눈 경우에는 자녀에 관하여 대부분의 내용을 알고 있을 수 있다. 그러나 그렇다고 해도 자녀는 자녀 나름의 말 못할 고민을 안고 있을 가능성이 높다.

# 만약의 경우를 가정한다

어떤 문제가 발생했을 경우에 상황에 따라서는 이해할 수도 있다는 모습을 보여주는 부모의 아이는 자신에게 어떤 문제가 발생했을 때, 부모의 질문에 기본적으로 마음을 열고 이야기하게 된다.

## 이 세상에 있을 수 없는 일은 없다

부모들이 또 한 가지 간과하기 쉬운 문제가 평소에 극단적인 말투를 사용는는 것이다. 자녀와 같이 사건 사고를 다룬 뉴스를 보고 있다고 하자.

"남의 물건을 왜 훔치는 거야? 저건 사람도 아냐."

"도대체 무슨 생각으로 폭력을 휘두르는 거야? 도대체 주먹질하는 사람을 이해할 수 없어. 정신병자 같아."

"세상에, 나이가 저렇게 많은 사람이 초등학생을 희롱하다니. 저건 아이의 부모도 문제가 있어. 도대체 애를 어떻게 가르쳤기에 저렇게 쉽게 당하냐고? 애가 멍청하니까 당한 거야."

208

이런 말투는 자녀에게 평소의 부모가 어떤 사고방식을 가지고 있는지 각인시켜주기에 충분하다. 자녀는 이런 말투를 기준으로 삼아 부모에게 할 수 있는 말과 할 수 없는 말의 경계를 분명하게 설정해 놓는다.

문제는, 아이들은 감정의 변화가 심하고 경우에 따라서는 판단력이 흐려지기 쉽기 때문에 자기도 모르게 이른바 '범죄'에 해당하는 실수를 저지를 수 있다는 데에 있다. 만약 그런 실수를 저질렀을 경우 아이는 어떤 생각을 할까?

'남의 물건을 훔치는 건 사람도 아니라고 했는데…'

'폭력을 휘두르는 사람은 정신병자라고 했는데…'

'이웃집 아저씨가 내 몸을 만졌어. 엄마에게 말하면 내가 멍청해서 당했다고 야단 칠 거야…'

당연히 이런 결론을 내리게 되고 그 문제에 대해 부모가 아무리 열심히 알아내려고 해도 아이는 철저하게 부정하려 할 것이다.

평소에 아이의 눈에 비치는 부모의 모습은 이처럼 매우 중요한 의미를 가진다.

이 세상에 있을 수 없는 일은 없다. 어떤 일이든 있을 수 있기 때문에 사고가 발생하는 것이다. 그리고 사건 사고 뉴스나 다른 사람들의 문제야말로 아이에게 시청각 교육을 시킬 수 있는 매우 좋은 자료다. 부모의 입장에서는 이런 사건을 대할 때마다 반드시 아이에게 교육을 시킬 수 있는 자료라는 점을 염두에 두고 평가하고 이야기해야 한다.

"무슨 사정이 있어서 도둑질을 했을까? 도둑질을 하게 된 것도 문제지만 왜 도둑질을 하게 된 것인지 그것도 조사해봐야 할 거야. 나름대로 이유가 있을 수도 있으니까."

"폭력은 정말 나쁜 건데…. 정말 어쩔 수 없는 경우가 아니면 폭력을 휘둘러선 안 돼. 그래야 사람들이 안심하고 생활할 수 있지. 어쩔 수 없이 폭력을 사용했다면 나중에라도 그 사람에게 사과하고 다시는 그런 일이 없도록 노력해야지."

"세상에, 나이가 저렇게 많은 사람이 초등학생을 희롱하다니. 저 아이가 얼마나 놀랐을까. 다시는 저런 일이 일어나지 않도록 부모님이 신경을 많이 써야겠다. 저런 일이 생기면 아이가 빨리 부모님에게 말씀을 드려야 하는데…."

이렇게, 어떤 문제가 발생했을 경우에 상황에 따라서는 이해할 수도 있다는 모습을 보여주는 부모의 아이는 자신에게 어떤 문제가 발생했을 때, 부모의 질문에 기본적으로 마음을 열고 이야기하게 된다.

사건이 발생한 이후에 아이가 충격을 받은 마음의 상처를 치유할 때에도 역시 평소의 부모의 모습이 크게 반영되는 것이다.

## 자녀가 사건에 휘말렸을 때의 대처 방법

자녀에게 어떤 문제가 발생했을 때, 폭력이나 성범죄 등의 사건에 휘말렸을 때의 대처 방법을 정리하면 다음과 같다.

### 1. 감정적으로 대처하지 않는다.

자녀에게 어떤 사건이 발생했을 때, 대부분은 부모가 먼저 감정적으로 행동하는 경우가 많다. 이렇게 되면 자녀는 더욱 불안감을 느끼고 공포도 심해진다. 그 때문에 스스로 자책하게 될 가능성이 있고 상황을 정확하게 설명했다가 부모에게 꾸지람을 들을지도 모른다는 생각에 몸과 마음을 모두 닫아버리는 결과를 낳는다. 이런 경우 자녀의 상처는 더욱 깊어진다.

### 2. 자녀가 마음 놓고 이야기할 수 있는 안전한 공간을 제공한다.

자녀에게 발생한 문제에 관하여 이야기를 나눌 때에는 자녀가 마음 놓고 이야기할 수 있는 안전한 공간을 확보해야 한다. 즉, 다음과 같은 조건들이다.

– 다른 사람들이 개입되지 말아야 한다.(개입될 경우 전문가만)
– 대화가 중간에 끊어질 수 있는 여건(전화 등)을 배제한다.
– 편안한 마음으로 이야기할 수 있도록 다그치거나 추궁하는 태

도를 취하지 않는다.

- 자녀의 입장에서 생각하고 대화하는 분위기를 연출한다.
- 자녀의 이야기가 완전히 끝나기 전에 차단하거나 한 가지 문제를 놓고 추궁하여 다음 말이 이어질 수 없게 만드는 행동은 하지 않는다.

### 3. 자녀가 이야기할 때에 어떤 식으로 이야기하라는 기준을 제시하지 않는다.

사건의 당사자는 아이이지 부모가 아니다. 정신적으로 충격을 받은 상태인 아이의 말은 두서가 없을 수도 있다. 그런데 그런 아이에게 앞뒤가 맞게 이야기해라, 정확하게 설명해라, 상황을 분명하게 기억해내라, 라는 등의 기준을 제시하면 아이는 더는 입을 열지 않는다.

### 4. 대답을 유도할 수 있는 질문을 던진다.

아이는 자신의 이야기를 부모가 이해하면서 진지하게 귀를 기울이는 모습을 보이면 점차 마음이 열려 자신에게 발생한 문제를 분명하게 전달하게 된다. 그러나 정신적으로 불안정한 상태이기 때문에 논리적으로 맞지 않는 부분도 있을 수 있다. 따라서 논리적으로 이해할 수 있는 설명이 될 수 있도록 적당히 질문을 던져

대답을 유도하는 것도 좋은 방법이다. 단, 이 경우에는 반드시 '어떤 일이든 있을 수 있는 일'이라는 전제 아래에서 질문을 던져야 한다. 즉, 극단적인 말투를 사용하는 질문은 피하라는 것이다.

### 5. 자녀의 입장에서 호응하는 말투로 대화를 이끌어낸다.

아이는 설명을 하는 도중에 이렇게 하고 싶다(학교를 그만두고 싶다 등), 이런 느낌을 받았다(모든 친구들이 자기를 싫어한다는 느낌을 받았다 등)며 자신이 현재 느끼고 있는 감정을 직설적으로 표현하는 경우가 있다.

그런 경우에 "학교를 그만두겠다니, 그게 말이 되니?", "친구들이 왜 너를 싫어해? 네가 뭐가 어때서?"와 같은 말은 피해야 한다. "그래. 그런 상황이면 학교를 그만두고 싶은 게 당연하지", "친구들이 너를 싫어한다고? 왜 그럴까?"와 같이 아이의 감정에 호응하면서 편하게 이야기할 수 있는 분위기를 이끌어내는 것이 중요하다.

# 7

# 이럴 때는 이렇게
## 엄마가 자녀에게 가르쳐주는 방범교육

　지금까지 다양한 각도에서 아동범죄와 관련된 내용들을 다루었다. 지금부터는 종합정리를 하는 마음으로 엄마가 자녀에게 가르쳐주어야 할 기본적인 방범교육 내용을 소개한다.

　앞에서 이미 설명한 내용들이지만 전체적으로 간단히 정리해보자.

## 낯선 사람, 위험한 사람에 대한 대비책

- 위험한 사람인지 아닌지 겉모습으로는 알 수 없다. 상냥하고 다정하게 대해주는 사람이라고 쉽게 믿어서는 안 된다.
- 혼자 길을 걷고 있거나 어둑어둑한 저녁에는 상냥해 보이는 사람이 접근하더라도 경계해야 한다.
- 사람이 없는 장소에서는 모르는 사람이 말을 걸어오더라도 모르는 척 그냥 지나친다. 그래도 계속 말을 걸어오면 "빨리 집에 가야 돼요. 죄송해요" 라고 말하고 빠른 걸음으로 지나친다.
- 낯선 사람과 말을 나눌 때에는 그 사람이 손을 뻗어도 몸에 닿지 않을 정도의 거리를 유지한다. 만약 가까이 다가오면 즉시 도망친다.

- 아빠나 엄마가 사고를 당했다면서 접근해오는 사람이 있어도 그 말을 믿지 않는다. 굳이 그 말을 믿고 따라가지 않아도 나중에 엄마에게 전화를 걸거나 집에 돌아가면 쉽게 확인할 수 있는 일이다.
- 낯선 사람이 등 뒤에서 끌어안았을 경우에는 큰소리로 도움을 요청한다.
- 낯선 사람이 팔을 잡았다면 있는 힘을 다해 두 팔을 흔들어 떨쳐낸다.
- 낯선 사람이 등 뒤에서 소리를 지르지 못하도록 손으로 입을 막았다면 그 사람의 새끼손가락을 움켜쥐고 꺾는다. 아무리 어른이라고 해도 이렇게 하면 고통을 느껴 입을 막고 있는 손을 놓게 된다. 그 때 있는 힘을 다해 도와달라고 소리를 지른다.

- 낯선 사람이 주는 물건이나 음식은 절대로 받지 않는다. 범인은 다음과 같은 방법으로 접근하는 경우가 많다.

"맛있는 케이크 사줄 테니까 수퍼마켓에 가자."

"설문조사를 하고 있는데 저쪽에 가서 작성 좀 해 줄래?"

"학교에 가니? 아저씨도 그쪽으로 가는데 데려다 주마."

"너, 정말 예쁘구나. 자, 이거 먹어라. 호텔에서 사 온 케이크 란다."

어떤 경우에도 모르는 사람이 주는 물건이나 음식은 받지 않는다. 어쩔 수 없이 음식을 받게 되었다면 절대로 먹지 않는다.

- 어떤 경우에도 낯선 사람의 자동차에는 타지 않는다. 설사 아는 사람이라고 해도 자동차에는 절대로 올라타지 않는다.

- 멈추어 서 있는 자동차가 있으면 멀리 돌아서 지나간다. 바로 옆을 지나다 보면 갑자기 문을 열고 자동차 안으로 끌어들이는 경우가 있기 때문이다.

수상한 자동차는 다음과 같다.

- 도로 옆에 세워져 있다.
- 오랜 시간 동안 같은 장소에 세워져 있다.
- 안에 사람이 타고 있다.
- 눈에 잘 띄지 않는 곳에 세워져 있다.
- 유리창이 어두워 내부가 보이지 않는다.

- 가능하면 가드레일이 있는 보도를 이용한다. 이렇게 하면 자동차를 이용하여 접근하기가 쉽지 않다.

## 혼자 있을 때의 대비책

- 백화점 같은 장소에서 엄마를 잃어버리면 즉시 아무 가게나 들어가 그곳 점원에게 사실을 알린다. 또는 안내원을 찾아가 사정을 설명한다.
- 빈집에 돌아왔을 때에는 주위를 살펴보고 아무도 없을 때 문을 열고 들어온다.
- 빈집에 돌아왔을 때에도 큰소리로 "다녀왔습니다!" 하고 외치며 들어간다. 이렇게 해야 혹시라도 주위에 수상한 사람이 있다면 집 안에 어른이 있는 것으로 생각한다.
- 집에 혼자 있을 때 전화가 걸려오면 절대로 받지 않는다. 만약 얼떨결에 전화를 받았다면 집에 어른이 있는 것처럼 가장한다.
  "엄마, 전화 왔다니까!"
  "엄마, 설거지 아직 안 끝났어? 전화 왔어!"
  이렇게 마치 엄마에게 전화를 받으라고 재촉하는 듯한 말을 가장한다. 그리고 즉시, "엄마, 지금 설거지해서 전화 못 받아요"

라고 상대방에게 말한다.

- 외출을 할 때에는 자동응답장치가 동작하게 만들어둔다.

- 집에 혼자 있을 때 손님이 찾아오면 절대로 응답하지 않는다. 설사 아는 얼굴이라고 해도 혼자 있을 때에는 응답하지 않는 것이 안전하다.

- 가능하면 가족이 각각 열쇠를 가지고 다니도록 한다.

- 엘리베이터를 탈 때에는 반드시 벽에 등을 대고 서도록 한다. 이렇게 해야 뒤에서 공격을 당할 가능성이 사라진다.

- 엘리베이터를 탈 때에는 조작판을 등지고 내부 전체를 바라볼 수 있는 위치에 서도록 한다.

- 엘리베이터의 비상용 버튼을 확실하게 알아둔다.

- 엘리베이터를 탈 때에는 가능하면 몇 개의 층을 눌러놓는다. 혹시 위험해 보이는 사람이 타면 즉시 내리기 위한 조치다.


## 위험한 장소


- 길에서 자전거나 스케이트보드를 탈 때에 자동차가 있으면 멀리 돌아간다. 바로 옆을 지나다 보면 갑자기 사람이 튀어나와 부딪힐 가능성이 있기 때문이다.

- 시끄럽게 떠들거나 장난을 치면서 걷지 않는다.
- 길을 건널 때에는 서두르지 않는다. 반드시 신호를 확인하고 가능하면 어른들과 함께 건너도록 한다.
- 지저분하고 음침한 놀이터에는 가지 않는다.
- 외부에서 내부가 잘 들여다보이는 놀이터에서 논다.
- 공중화장실에 갈 때에는 반드시 두 명 이상이 함께 간다.
- 출입구가 외부에서 잘 들여다보이는 화장실을 이용한다.
- 공사현장에는 들어가지 않는다.
- '출입금지' 표지판이 있는 장소에는 들어가지 않는다.
- 주차장에서는 놀지 않는다.
- 산이나 강, 바다로 놀러갔을 때에는 반드시 어른과 함께 행동한다.
- 백화점 등의 비상계단에는 가지 않는다. 의외로 사람의 통행이 적어서 위험한 상황에 노출될 가능성이 높기 때문이다.
- 날이 어두워진 뒤에는 혼자 다니지 않는다.
- 아무리 지름길이라고 해도 음침한 장소는 이용하지 않는다.
- 학교에 모르는 사람이 찾아오면 즉시 선생님에게 알린다.
- 학교에서 무슨 일이 발생했을 경우에는 선생님의 지시를 철저하게 따른다.

## 성범죄

- 부모나 형제도 함부로 손을 대지 않는 신체 부위를 만지려는 사람이 있으면 나쁜 사람이니까 피하도록 한다. 그리고 즉시 엄마 아빠에게 그 사실을 알린다.
- 명함을 건네면서 탤런트를 시켜 주겠다거나 사진을 찍어준다는 등으로 접근하는 사람의 말에는 대응하지 않는다.
- 옷이 물에 젖었을 때, 부모나 형제가 아닌 사람이 어떤 이유로든 옷을 벗으라고 하면 절대로 벗지 않는다.

– 평소에 가깝게 지내는 이웃집 아저씨, 또는 사촌오빠가 '의사 놀이' 등을 핑계로 몸을 만지려 하면 강력하게 저항하고 즉시 엄마 아빠에게 그 사실을 알린다.

## 학교와 친구들

– 어떤 경우에도 반 친구들과 폭력적인 싸움은 하지 않는다.
– 반 친구가 귀찮게 하거나 성가시게 굴 때에는 귀찮게 하지 말라고 분명하게 말한다.
– 친구들이 따돌릴 때에는 왜 그런 행동을 하는 것인지 직접 물어본다. 혼자 해결할 수 없다면 선생님의 도움을 받는다. 그리고 반드시 엄마 아빠에게 그 사실을 알린다.
– 친구를 따돌리는 일, 괴롭히는 일에는 가담하지 않는다.
– 선생님에게 폭력적인 언행이나 직접적인 폭력을 당했을 경우에는 즉시 부모님에게 그 사실을 알린다.
– 그 날 학교에서 있었던 일은 집으로 돌아오면 반드시 엄마에게 이야기한다.
– 만약 자기도 모르게 남의 물건을 훔친 일이 있으면 엄마에게 그 사실을 고백하고 다시는 그렇게 하지 않겠다고 다짐한다.

# 1.아동범죄 관련 상담 치료기관

| | | |
|---|---|---|
| 경찰청 | 02-363-0112 | www.police.go.kr |
| 검찰청 | 02-3480-2000 | www.spo.go.kr |
| 청소년위원회 | 1388 | www.youth.go.kr |
| 우리아이지키기시민연대 | 02-364-3389 | www.wuriai.com |
| 여성가족부 | 02-2100-6600 | www.mogef.go.kr |
| 한국성폭력상담소 | 02-883-9284 | www.sisters.or.kr |
| 학교폭력대책국민협의회 | 02-325-2542 | www.ttastop.org |
| 학교폭력예방재단 | 02-585-9128 | www.jikim.net |
| 왕따닷컴 | 02-793-2000 | www.wangtta.com |
| 한국청소년범죄예방협회 | 02-884-3313 | www.uthkorea.org |
| 중앙아동학대예방센터 | 1577-1391 | www.korea1391.org |
| 한국여성민우회 성폭력상담소 | 02-739-1366 | www.womenlink.or.kr |
| 해바라기아동센터 | 02-3274-1375 | www.child1375.or.kr |
| 경찰청 사이버테러대응센터 | 02-393-9112 | www.ctrc.go.kr |
| 검찰청 인터넷범죄수사센터 | 02-3480-2580 | www.spo.go.kr/kor/depart/icic/main.jsp |

# 2.가출 관련 상담기관

| | | | |
|---|---|---|---|
| 강남구 청소년 쉼터 | 서울 강남구 | 02-512-7942 | |
| 광주 청소년 쉼터 | 광주광역시 | 062-525-1318 | |
| 구로 청소년 쉼터 청소년상담실 | 서울 금천구 | 02-3281-8205 | http://www.youthzone.or.kr |
| 남동청소년 쉼터 | 인천 남동구 | 032-469-9956 | http://www.ya1318.or.kr |
| 노원구 청소년 쉼터 | 서울 노원구 | 02-3391-2662 | http://www.lovehome.or.kr |
| 달서구 청소년 쉼터 | 대구 달서구 | 053-629-1317 | http://www.yw1318hihome.com |
| 대구광역시청소년쉼터 | 대구 중구 | 053-426-2275 | http://www.shelter.tgyca.or.kr |
| 대전광역시청소년쉼터 | 대전 중구 | 042-256-1388 | http://wwwshimter.or.kr |
| 대전 남자쉼터 | 대전 중구 | 042-223-7179 | |

| | | | |
|---|---|---|---|
| 대한성공회 행복한 우리집 | 서울 관악구 | 02-887-7942 | |
| 모퉁이 쉼터 | 경기 부천시 | 032-347-1880 | http://wwwmotungii.or.kr |
| 부산청소년쉼터 | 부산 수영구 | 051-756-0924 | http://shelter1004.org |
| 사랑샘청소년쉼터 | 전북 전주시 | 051-756-0924 | |
| 새날 청소년 쉼터 | 서울 강서구 | 02-2697-7377 | http://www.shelter.ymca.or.kr |
| 서울YMCA청소년 쉼터 | 서울 종로구 | 02-735-1366 | http://www.ymca.or.kr |
| 성산 사랑의 집 청소년쉼터 | 인천 남구 | 032-424-2845 | |
| 성신 우리집 | 서울 강서구 | 02-2691-8333 | |
| 수원청소년 쉼터 | 경기 수원시 | 031-235-7373 | |
| 심림청소년쉼터 '우리세상' | 서울 관악구 | 02-876-7942 | http://www.shelter.or.kr |
| 안양시청소년쉼터'FOR YOU' | 경기 안양시 | 031-456-9184 | http://www.yea21.net |
| 울산광역시청소년쉼터 | 울산 울주군 | 052-223-5186 | |
| 의정부 쉼터 | 경기 의정부시 | 031-837-1318 | http://www.10jiki.org |
| 익산청소년쉼터 | 전북 익산시 | 063-835-4057 | |
| 인천광역시청소년쉼터 | 인천시 남구 | 032-438-1318 | |
| 일산열린청소년쉼터 | 경기 고양시 | 031-918-1336 | |
| 전주푸른 청소년쉼터 | 전북 전주시 | 063-252-1091 | http://1091.org |
| 제주청소년 쉼터 | 제주 제주시 | 064-744-3276 | http://www.chejucoun.org |
| 창원하라쉼터 | 경남 창원시 | 055-237-1318 | |
| 천안청소년쉼터 | 충남 천안시 | 041-578-1388 | http://www.kkum.kp.ro |
| 청소년쉼터'또하나의 집' | 서울 동대문구 | 02-923-5484 | |
| 청주참사랑청소년쉼터 | 충북 청주시 | 043-271-1318 | |
| 평택쉼터 | 경기도 평택시 | 031-652-1384 | http://www.safefamily.or.kr |
| 포항청소년 쉼터 | 경북 포항시 | 054-246-7598 | http://ph7179.or.kr |

# 3. 특수치료 관련기관

## 놀이치료

| | | | |
|---|---|---|---|
| 강남구 가정복지센터 | 서울 강남구 | 02)3412-2222 | www.kfwc.or.kr |
| 강남연세아동발달연구소 | 서울 강남구 | 02)543-7942 | http://yonseiwel.com |
| 시립아동상담소 | 서울 강남구 | 02)3412-4033 | |
| 마음사랑 심리상담센터 | 서울 강남구 | 02)511-4411 | www.maumsarang.co.kr |

| | | | |
|---|---|---|---|
| 원광아동센터 | 서울 강남구 | 02)561-2356 | www.childcounsel.co.kr |
| 백상소아정신과 | 서울 강남구 | 02)3452-9700 | www.npspecialist.co.kr |
| 진태원 신경정신과 | 서울 강남구 | 02)3431-7582 | www.chintaewon.co.kr |
| 동부시립아동상담소 | 서울 동대문구 | 02)2248-4567~9 | www.bhang.seoul.kr |
| 본동 종합사회복지관 | 서울 동작구 | 02)817-8052 | www.bdswc.or.kr |
| 이혜련상담클리닉 | 서울 서대문구 | 02)393-7745 | www.hlclinic.com |
| 맑은놀이치료센터 | 서울 서초구 | 02)593-1995 | www.paideia.co.kr |
| 한마음심리상담센터 | 서울 서초구 | 02)583-7017? | www.hanmam.co.kr |
| 강남아동센터 | 서울 서초구 | 02)523-2662 | www.kncsangdam.co.kr |
| 인간발달복지연구소 | 서울 서초구 | 02)583-7017 | www.growup.co.kr |
| 성동 장애인복지관 | 서울 성동구 | 02)2290-3100 | http://omni.or.kr |
| 옥수 종합사회복지관 | 서울 성동구 | 02)2282-1100 | www.oksoocwc.or.kr |
| 한국아동발달지원센터 | 서울 성북구 | 02)953-8502 | www.eduthera.com |
| 삼전 종합사회복지관 | 서울 송파구 | 02)421-6077 | www.samjeon.or.kr |
| 닥터전 소아청소년클리닉 | 서울 송파구 | 02)2202-7512~3 | www.drjeon.co.kr |
| 단혜아동가족상담센터 | 서울 송파구 | 02)2145-4740~1 | www.childplay.or.kr |
| 새세대 육영회 | 서울 송파구 | 02)413-1010 | www.kidpia.org |
| 새길아동청소년상담센터 | 서울 양천구 | 02)2642-6848 | www.saegilcounsel.com |
| 한빛종합사회복지관 | 서울 양천구 | 02)2690-8762 | www.han-bit.or.kr |
| 한국아동치료놀이교육센터 | 서울 양천구 | 02)2062-0073 | www.katheraplay.com |
| 유린원광종합사회복지관 | 서울 중랑구 | 02)438-4011~2 | www.yurin.or.kr |
| 일산종합사회복지관 | 경기 고양시 | 031)975-3322 | www.ilsanwelfare.or.kr |
| 연세이룸소아정신건강 클리닉 | 경기 고양시 | 031)902-7820 | www.irumclinic.com |
| 아이라라아동발달연구센터 | 경기 군포시 | 031)394-5279 | www.rarawel.com |
| 한국심리언어연구소 | 경기 부천시 | 032)662-0475 | www.i751004.com |
| 춘의종합사회복지관 | 경기 부천시 | 032)653-6131 | www.choonie.or.kr |
| 한국특수요육연구소 | 경기 안양시 | 031)423-1996 | www.jape.co.kr |
| 남부특수교육원언어놀이치료 | 부산 수영구 | 051)622-7503 | |

미술치료

| | | | |
|---|---|---|---|
| 서울미술치료연구소 | 서울 강남구 | 02)512-5370 | www.sarttherapy.or.kr |
| 한국미술치료연구센터 | 서울 강동구 | 02)476-9725 | www.katc.org |
| Art Therapy | 서울 노원구 | 02)934-5779 | www.greem.org |
| 수원푸른교실미술치료연구소 | 경기 수원시 | 031)243-3508 | |

| 신승영 미술치료연구소 | 경기 수원시 | 031)252-3663 | |
|---|---|---|---|
| 인천미술치료센터 | 인천 연수구 | 032)822-0032 | www.iatec.or.kr |
| 대구미술치료교육센터 | 부산 진구 | 053)781-2521 | www.simli75.com |
| 한국미술치료연구소 | 대구 남구 | 053)472-3805 | www.art-korea.org |
| 정여주 미술치료 상담연구소 | 대구 중구 | 053)252-9245 | www.jvj-arttherapy.or.kr |
| 한국미술치료학회 | 대구 중구 | 053)243-0670~1 | www.korean-arttherapy.or.kr |
| 대구미술치료연구소 | 대구 수성구 | 053)744-3444 | www.datec2002.com |
| 광주미술치료연구소 | 광주 동구 | 062)232-0754 | www.arttherapy-cj.com |
| 박제현 아동상담센터 내 미술치료실 | | 063)466-2058 | |
| 강릉미술치료연구소 | 강원 강릉시 | 033)646-8897? | www.art-gangneung.or.kr |
| 강원미술치료센터 | 강원 속초시 | 033)638-1275 | |
| 한림미술치료센터 | 강원 춘천시 | 033)254-7571 | www.hallymat.com |
| 소화미술치료센터 | 경남 마산시 | 055)252-6584 | http://sohwa.wo.to |
| 구미미술치료연구소 | 경북 구미시 | 054)451-1275 | www.gumi-arttherapy.or.kr |
| 포항미술치료교육센터 | 경북 포항시 | 054)274-7512 | www.poatec.com |
| 미술치료청주센터 | 충북 청주시 | 043)221-0066 | http://art-cj.or.kr |

음악치료

| 대한음악치료학회 | 서울 강남구 | 02)543-1904 | www.kamt.com |
|---|---|---|---|
| 김진아 음악치료 임상연구소 | 서울 서초구 | 02)585-1815 | www.kimtherapy.com |
| 가족사랑음악치료클리닉 | 서울 서초구 | 02)2057-0033 | www.music4family.org |
| 한국음악치료학회 | 서울 용산구 | 02)710-9608~9 | www.musictherapy.or.kr |
| 마인드 트레이닝 음악치료 | 서울 종로구 | 02)925-0601 | www.mindtraining.co.kr |
| 부천음악치료연구소 | 경기 부천시 | 032)324-9578 | http://jongin.hihome.com |
| 김향숙 음악치료연구소 | 경기 성남시 | 031)719-7570 | www.sookmt.co.kr |

# 4. 약물중독 관련기관

마약중독상담

| 한국 마약퇴치 운동본부 | 서울 영등포구 | 02)2679-0436 | www.drugfree.or.kr |
|---|---|---|---|
| 인천지부 | 인천 남동구 | 032)437-7910 | www.indrugfree.or.kr |
| 부산지부 | 부산 동구 | 051)462-1022 | www.busandrugfree.or.kr |

| 광주지부 | 광주 북구 | 062)526-2226 | www.drugfree.or.kr |
| 대전지부 | 대전 대덕구 | 042)628-8675 | www.drugfree.or.kr/daejeon |
| 전북지부 | 전북 완산구 | 063)232-5112 | www.jbdrugfree.or.kr |
| 대검찰청 마약과 | 서울 서초구 | 02)3480-2000 | www.spo.go.kr |
| 약물예방지역사회연계소 | 서울 양천구 | 02)2644-6148 | www.kdpcc.or.kr |
| 경기도마약퇴치본부 | 경기 수원시 | 031)257-7582 | www.ggdrugfree.or.kr |

**흡연상담**

| 단연클리닉 | 서울 노원구 | 02)3399-3185 | http://user.syu.ac.kr |
| 위생병원 내 금연학교 | 서울 동대문구 | 02)2210-3615 | http://sah.co.kr |
| 한국금연교육원 | 서울서초구 | 02)584-4731~3 | www.smokeout.co.kr |
| 한국심리훈련연구소 | 서울 송파구 | 02)418-0097 | www.mindtraining.co.kr |
| 한국금연운동협의회 | 서울 영등포구 | 02)2632-5190 | www.kash.or.kr |
| 클린스쿨 | 서울 영등포구 | 02)789-0164 | www.cleanschool.or.kr |
| 금연길라잡이 | 서울 은평구 | 02)380-8312 | www.nosmokeguide.or.kr? |
| 금연의 집 | 대구 남구 | 053)657-4949 | www.nocigar.co.kr |

**알코올중독상담**

| 알코올중독무료상담 | 서울 관악구 | 02)866-9290 | |
| 시립동부아동상담소 | 서울 동대문구 | 02)2248-4567 | www.bhang.seoul.kr |
| 알콜중독당사자모임 | 서울 | 02)774-3797 | |
| 성남시알코올상담센터 | 경기성남시 | 031)751-2768~9 | www.snac.or.kr |
| 알코올 119 | 광주동구 | 062)222-0301 | www.alcohol119.net |
| 울산알코올상담센터 | 울산 남구 | 052)275-1117 | www.ulsanalcohol.or.kr |
| 건전음주시민연대 | | | www.nodrink.co.kr |

# 5.인터넷중독 관련기관

| 인터넷중독온라인센터 | 서울 성북구 | 02)3290-1540 | www.psyber119.com |
| 인터넷중독예방상담센터 | 서울 | 02)3660-2580 | www.iapc.or.kr |
| 나우정신건강클리닉 | 서울 강동구 | 02)476-7533 | www.nowclinic.co.kr |
| 청년의사인터넷중독치료센터 | | | http://netmentalhealth.fromdoctor.com |

| 서울정신분석연구소 | 서울 서초구 | 02)592-4530 | http://netmentalhealth.fromdoctor.com |
| 닥터전소아청소년클리닉 | 서울 송파구 | | www.drjeon.co.kr |

# 6. 정신보건센터

| 강남정신보건센터 | 서울 강남구 | 02)2226-0344 | www.seoulmind.net |
| 강북정신보건센터 | 서울 강북구 | 02)985-0222 | www.seoulmind.net |
| 강서정신보건센터 | 서울 강서구 | 02)265-0190 | www.seoulmind.net |
| 노원정신보건센터 | 서울 노원구 | 02)950-3756 | www.seoulmind.net |
| 서대문정신보건센터 | 서울 서대문구 | 02)337-2176 | www.seoulmind.net |
| 성동정신보건센터 | 서울 성동구 | 02)298-2080 | www.seoulmind.net |
| 성북정신보건센터 | 서울 성북구 | 02)921-8906 | www.seoulmind.net |
| 고양정신보건센터 | 경기도 고양시 | 031)968-2333 | www.goyangmaum.org |
| 과천시정보센터 | 경기도 과천시 | 031)504-4440 | www.ghc.go.kr |
| 광주시 정신보건센터 | 경기도 광주시 | 031)762-9752 | |
| 구리시정신보건센터 | 경기도 구리시 | 031)550-2007 | www.gmm.or.kr |
| 군포시 정신보건센터 | 경기도 군포시 | 031)461-5465 | www.mentalhealth.co.kr |
| 김포시 정신보건센터 | 경기도 김포시 | 031)998-4005 | |
| 남양주정신보건센터 | 경기도 남양주시 | 031)592-5891 | http://myhome.naver.com/ncmhc11 |
| 동두천정신보건센터 | 경기도 동두천시 | 031)863-3632 | http://cmhcor.kr |
| 부천시 정신건강증진센터 | 경기도 부천시 | 032)328-1351 | www.bucheonlove.co.kr |
| 성남시정신보건센터 | 경기도 성남시 | 031)702-7214 | |
| 안산시정신보건센터 | 경기도 안산시 | 031)411-7573 | www.ansancmhc.or.kr |
| 연천구정신보건센터 | 경기도 연천구 | 031)830-2231 | www.yccmhc.or.kr |
| 오산시어린이 정신보건센터 | 경기도 오산시 | 031)374-8680 | |
| 용인시정신보건센터 | 경기도 용인시 | 031)336-9222 | |
| 의왕시정신보건센터 | 경기도 의왕시 | 031)458-0682 | |
| 의정부시 정신보건센터 | 경기도 의정부시 | 031)828-4567 | www.myhome.naver.com/ujbcenter |
| 평택정신보건센터 | 경기도 평택시 | 031)658-9818 | |
| 하남시 정신보건센터 | 경기도 하남시 | 031)790-6558 | www.cmhc.co.kr |
| 화성시 정신보건센터 | 경기도 화성시 | 031)353-0175 | |
| 중구정신보건센터 | 인천시 중구 | 032)760-7696 | http://happymind.or.k |

| | | | |
|---|---|---|---|
| 금정구정신보건센터 | 부산 금정구 | 051)583-2600 | |
| 서구정신보건센터 | 대구 서구 | 053)663-3148 | http://seoumhc.org |
| 수성구 정신보건센터 | 대구 수성구 | 053)765-5864 | http://Belami.co.kr |
| 서구 정신보건센터 | 대전 서구 | 042)488-9742 | |
| 대덕구정신보건센터 | 대전 대덕구 | 042)637-1677 | |
| 동구정신보건센터 | 광주 동구 | 062)608-2768 | http://hmt.or.kr |
| 광주서구정신보건센터 | 광주 서구 | 062)365-1236 | |
| 울산시남구 정신보건센터 | 울산 남구 | 052)227-1116 | www.usmhc.or.kr |
| 춘천시 정신보건센터 | 강원도 춘천시 | 033)241-4256 | www.chmhc.org |
| 김해시정신보건센터 | 경남 김해시 | 055)329-6328 | www.gmind.or.kr |
| 마산시 정신보건센터 | 경남 마산시 | 055)240-2282 | www.masan.go.kr |
| 포항시 정신보건센터 | 경북 포항시 | 054)254-1275 | www.phnet.co.kr |
| 구미 정신보건센터 | 경북 구미시 | 054)456-8360 | http://phc.gumi.go.kr |
| 창원시 정보센터 | 경북 창원군 | 055)287-1223 | |
| 영광군 정신보건센터 | 전남 영광군 | 061)350-5666 | www.ykcenter.com |
| 군산시 정신보건센터 | 전북 군산시 | 063)450-4496 | www.ksmhc.or.kr |
| 익산시 정신보건센터 | 전북 익산시 | 063)450-4496 | www.iksanmh.co.kr |
| 전주시정신보건센터 | 전북 전주시 | 063)273-6996 | www.ccmhc.com |
| 아산시 정신보건센터 | 충남 아산시 | 041)540-2536 | www.ksmhc.or.kr |
| 청원군 정신보건센터 | 충북 상당구 | 043)297-0801 | www.cheongwoncenter.or.kr |
| 제주시 정신보건센터 | 제주 제주시 | 064)750-4217 | www.jmhc.co.kr |

# 7.학업진로 관련 상담기관

**교육청내 청소년상담센터**

| | | |
|---|---|---|
| 서울특별시 교육청 청소년상담센터 | 서울 중구 | 02)755-7887 |
| 강남교육청 청소년상담센터 | 서울 강남구 | 02)3444-7887 |
| 동작교육청 청소년상담센터 | 서울 관악구 | 02)884-7887 |
| 북부교육청 청소년상담센터 | 서울 노원구 | 02)949-7887 |
| 동부교육청 청소년상담센터 | 서울 동대문구 | 02)2233-7887 |
| 서부교육청 청소년상담센터 | 서울 마포구 | 02)325-7887 |
| 성동교육청 청소년상담센터 | 서울 성동구 | 02)2297-7887 |

| 성북교육청 청소년상담센터 | 서울 성북구 | 02)917-7887 | |
|---|---|---|---|
| 강동교육청 청소년상담센터 | 서울 송파구 | 02)3431-7887 | |
| 강서교육청 청소년상담센터 | 서울 양천구 | 02)2694-7887 | |
| 남부교육청 청소년상담센터 | 서울 영등포구 | 02)2677-7877 | |
| 중부교육청 청소년상담센터 | 서울 종로구 | 02)722-7887 | |

## 대안학교

| 성지고등학교 | 서울 강서구 | 02)2065-5555 | www.sjschool.hs.kr |
|---|---|---|---|
| 서울산업정보학교 | 서울 관악구 | 02)874-0637 | www.ss.sc.kr |
| 오륜정보산업학교 | 서울 금정구 | 051)515-6565 | http://busan.jschool.go.kr |
| 청량정보고등학교 | 서울 동대문구 | 02)2212-1871 | www.dreamschool.hs.kr |
| 한림실업고등학교 | 서울 송파구 | 02)400-1871 | http://hanlim.or.kr/index.php |
| 이우고 | 경기 성남시 | 031)710-6902 | www.yangeob.hs.kr |
| 이우중 | 경기 성남시 | 031)385-4115 | www.2woo.net |
| 대명고 | 경기 수원시 | 031)416-3754 | www.daemoung.hs.kr |
| 헌산중 | 경기 용인시 | 031)334-4115 | www.hensan.ms.kr |
| 두레자연고 | 경기 화성시 | 031)358-8183 | www.doorae.hs.kr |
| 두레자연중 | 경기 화성시 | 031-334-4115 | www.doorae.ms.kr |
| 청소년과 사람사랑 | 경기 평택시 | 031)656-4890 | |
| 산마을고 | 인천 강화군 | 032)932-0191 | www.sanmaeul.org |
| 부산자유학교 | 부산 동래구 | 02)521-0922 | |
| 지구촌고 | 부산 연제구 | 051)505-8656 | http://glovillhigh.org |
| 대안교실 | 부산 해운대구 | 051)744-2931 | |
| 달구벌고 | 대구 동구 | 053)981-1350 | www.dalgus.net |
| 동명고 | 광주 광산구 | 062)943-2855 | www.kdm.hs.kr |
| 지리산고 | 경남 산청군 | 055)973-9723 | www.jirisan.hs.kr |
| 간디학교 | 경남 산청군 | 055)931-1528 | www.gandhischool.net |
| 원경고 | 경남 합천군 | 055)973-9723 | www.gandhischool.net |
| 경주화랑고 | 경북 경주시 | 054)771-2363 | www.hwarang.hs.kr |
| 한빛고 | 전남 담양군 | 061)383-8340 | www.hanbitschool.net |
| 용정중 | 전남 보성군 | 061)852-9604 | www.yongjeong.ms.kr |
| 성지송학중 | 전남 영광군 | 061)353-6351 | http://sjsh.ms.kr |
| 영산성지고 | 전남 영광군 | 061)352-6351 | http://yssj.hs.kr |
| 지평선중 | 전북 김제시 | 063)544-3131 | www.jjipyeongseong.ms.kr |

| | | | |
|---|---|---|---|
| 푸른꿈고 | 전북 무주군 | 063)323-2058 | www.purunkum.hs.kr |
| 세인고 | 전북 완주군 | 063)843-3939 | http://seine.hs.kr |
| 공동체비전고 | 충남 서천군 | 041)953-6292 | http://vision.hs.kr |
| 한마음고 | 충남 천안시 | 041)567-5525 | www.hanmaeum.hs.kr |
| 양업고 | 충북 청원군 | 043)260-5076 | www.yangeob.hs.kr |

**대안학교 위탁기관**

| | | | |
|---|---|---|---|
| (사)세계효문화본부 | 서울 서초구 | 02)597-2780 | |
| 인성지도교육원 | 서울 종로구 | 02)732-0096 | |
| 한라종합사회복지관 | 경기 부천시 | 032)324-0723? | www.halla.or.kr |
| 성택중학교 | 경기 시흥시 | 02)2616-9728 | www.st.ms.kr/default/index |
| 경기도청소년종합상담실 | 경기 팔달구 | 031)237-1318 | www.hi1318.or.kr |
| 성산효도대학원대학교 | 인천 남구동 | 032)433-1996 | http://hyo.ac.kr |
| 부산 소년분류 심사원 | 부산 강서구 | 051)972-8501~3 | http://busim.jschool.go.kr |
| 부산성폭행상담소 | 부산 동래구 | 051)558-8832 | http://wopower.or.kr |
| 대구소년분류심사원 | 대구 동구 | 053)952-9996~8 | http://dgsim.jschool.go.kr |
| 안심종합사회복지관 | 대구 동구 | 053)962~4137~8 | www.ansim.or.kr |
| 대구광역시 교육연수원 | 대구 동구 | 053)980-5431 | www.deti.or.kr |
| 경신정보과학고등학교 | 대구 중구 | 053)253-3612 | www.gyungshin.hs.kr |
| 대전소년분류심사원 | 대전 동구 | 042)283-9323 | http://djsim.jschool.go.kr |
| 대전교육연수원 | 대전 서구 | 041)851-3505 | |
| 원촌정보산업학교 | 대전 유성구 | 042)861-3161 | http://daejeon.jschool.go.kr |
| 대전시청소년종합상담실 | 대전 중구 | 042)257-2000 | www.dycc.or.kr |
| 동명고등학교 | 광주 광산구 | 062)943-2855~7 | www.kdm.hs.kr |
| 금란교실 | 광주 광산구 | 062)956-2291 | http://keumnan.go.kr |
| 광주광역시청소년수련관 | 광주 남구 | 062)368-8041 | http://macji.or.kr |
| 흥사단광주지부 | 광주 동구 | 062)223-6659 | www.kjyka.or.kr |
| 광주시서구청소년정신건강센터 | 광주 서구 | 062)654-5200 | |
| 맥지청소년사회교육원 | 광주 서구 | 062)373-0942 | http://fmayouth.or.kr |
| 한국인간교육연구원 | 광주 서구 | 062)372-9582 | www.kishe.or.kr |
| 신촌정보통신학교 | 강원 춘천시 | 033)653-6374 | http://chuncheon.jschool.go.kr |
| 강원도청소년자원봉사센터 | 강원 춘천시 | 041)851-3505 | www.gyvc.or.kr |
| 강원도청소년수련관 | 강원 춘천시 | 033)255-6601 | www.jgyc.org |
| 팔렬중학교 | 강원 홍천군 | 033)255-6601 | |

| | | | |
|---|---|---|---|
| 강릉종합사회복지관 | 강원 강릉시 | 033)653-6374 | www.gssw.or.kr |
| 초암전통 문화학교 | 경북 군위군 | 054)383-6625 | http://sangolschool.com |
| 경상북도 청소년 종합상담실 | 경북 안동시 | 054)853-3011~3 | www.we7942.or.kr |
| 포항십대들의 둥지 | 경북 포항시 | 054)249-1097 | www.doongil.or.kr |
| 포항시 청소년 수련관 | 경북 포항시 | 054)245-6593 | http://youth.ipohang.org |
| 전남청소년 종합상담실 | 전남 순천시 | 061)724-2000 | www.gominssak.or.kr |
| 목포제일정보중고등학교 | 전북 목포시 | 061)276-4947 | www.jeilinfo.mokpo.or.kr |
| 송천 정보 통신학교 | 전북 전주시 | 063)272-3741 | http://jeonju.jschool.go.kr |
| 전주시청소년 자유센터 | 전북 전주시 | 063)211-7401 | http://jcenter.or.kr |
| 전남학생 종합교육원 | 전북 해남군 | 061)534-0987 | www.hakjong.or.kr |
| 충무교육원 | 충남 아산시 | 041)544-6322 | www.chungmoo-ei.or.kr |
| 청주시 청소년수련관 | 충북 청주시 | 043)261-0700 | http://jouth.jsc.ac.kr |
| 미평 중.고등학교 | 충북 청주시 | 043)295-8102 | www.cheongju.jschool.go.kr |
| 충청북도 청소년 자원봉사센터 | 충북 청주시 | 043)220-5977 | www.youth04.net |
| 제주도 청소년 상담실 | 제주 제주시 | 064)1388 | |

## 비인가 대안교육기관

| | | | |
|---|---|---|---|
| 난나학교 | 서울 강북구 | 02)998-3755 | www.nanna.seoul.kr |
| 치유적 대안학교 | 서울 관악구 | 02)888-8609 | www.schoolstar.net |
| 꿈꾸는 아이들의 학교 | 서울 관악구 | 02)855-2550 | www.dreamwe.org |
| 민들레 사랑방 | 서울 마포구 | 02)322-1318 | |
| 한들 | 서울 송파구 | 02)449-0500 | www.youth1318.or.kr/handle |
| 다물자연학교 | 서울 양천구 | 02)2646-4885 | www.damool.or.kr |
| 하자작업장학교 | 서울 영등포구 | 02)2677-9200 | www.haja.net |
| 스스로넷 미디어 학교 | 서울 용산구 | 02)795-8000 | www.ssro.net |
| 도시속 작은 학교 | 서울 용산구 | 02)796-7855 | www.dreamyouth.or.kr |
| 은평 씨앗학교 | 서울 은평구 | 02)384-3518 | www.activelearning.or.kr |
| 파랑새열린학교 | 서울 종로구 | 02)737-3717 | www.openschool21.co.kr |
| 마루 | 서울 중구 | 02)3705-6023 | www.maroo.or.kr |
| 두드림 | 서울 광진구 | 02)2201-8190 | http://dodream79.cyworld.com |
| 꿈틀학교 | 서울 종로구 | 02)743-1319 | http://imyschool.com |
| 수서디딤돌학교 | 경기 성남시 | 031)755-4080 | http://club.cyworld.nate.com/club |
| 들꽃 피는 학교 | 경기 안산시 | 031)486-8836 | http://wahaha.or.kr |
| 한생연자연학교 | 강원 홍천군 | 02)762-5076 | http://123rere.com |

| | | | |
|---|---|---|---|
| 범숙학교 | 경남 창원시 | 055)298-8363 | http://mail.rainbowhill.or.kr |
| 변산 공동체학교 | 전북 부안군 | 063)584-0584 | |

## 초등대안학교

| | | |
|---|---|---|
| 전인새싹학교 | 서울 강서구 | 02-2063-3333 |
| 삼각산재미학교 | 서울 강북구 | 02-995-2277 |
| 고양자유학교 | 경기 고양시 | 031-977-1448 |
| 과천자유학교 | 경기 과천시 | 02-503-4035 |
| 기린배움터 | 경기 파주시 | 031-942-0402 |
| 꽃피는학교 | 경기 하남시 | 031-791-5638 |
| 꿈틀자유학교 | 경기 의정부시 | 031-848-3346 |
| 두레학교 | 경기 구리시 | 031-552-8298 |
| 무지개학교 | 경기 과천시 | 02-507-6066 |
| 물이랑작은학교 | 경기 과천시 | 02-507-6465 |
| 벼리학교 | 경기 의왕시 | 031-423-4574 |
| 볍씨학교(초.중) | 경기 광명시 | 02-2616-8002 |
| 산어린이학교 | 경기 시흥시 | 032-314-1186 |
| 어린이학교 | 경기 포천시 | 031-544-1615 |
| 열음학교 | 경기 부천시 | 032-654-5754 |
| 의왕온뜻학교 | 경기 의왕시 | 031-462-1453 |
| 칠보산자유학교 | 경기 수원시 | 031-292-5929 |
| 하나인학교(초.중) | 경기 파주시 | 02-944-7907 |
| 행복한학교 | 경기 파주시 | 031-953-7295 |
| 푸른숲학교 | 경기 하남시 | 031-793-6591 |
| 전인새싹학교(춘천) | | 033-264-0993 |
| 꽃피는학교(대전) | 충남 대전시 | 041-855-7761 |
| 빛고을학교 | 전남 나주시 | 061-337-2060 |
| 평화학교 | 전남 순천시 | 061-745-4008 |
| 문화교육들살이 | 제주 서귀포시 | 064-782-0196 |

## 전원형대안학교

| | | |
|---|---|---|
| 산돌학교(중) | 경기남양주시 | 031-511-3295 |
| 멋쟁이학교(중.고) | 경기포천시 | 031-544-1615 |
| 전인자람학교(중) | 경기양평군 | 031-774-2080 |

| | | |
|---|---|---|
| 독수리기독중학교 | 경기성남시 | 0502-456-1379 |
| 마리학교(중) | 인천강화군 | 032-933-2314 |
| 영남전인학교(중,고) | 울산울주군 | 052-264-9200 |
| 참꽃작은학교(중) | 강원원주시 | 033-764-0167 |
| 춘천전인자람학교(중) | 강원춘천시 | 033-262-7803 |
| 간디마을학교(중) | 경남산청군 | 055-972-7972 |
| 늦봄학교(중,고) | 전남강진군 | 061-433-7212 |
| 곡성평화학교(중) | 전남곡성군 | 061-363-7775 |
| 꿈나제청소년학교(중) | 전주덕진구 | 063-211-1313 |
| 진솔대안학교(중,고) | 전북진안군 | 063-432-6890 |
| 실상사작은학교(중) | 전북남원시 | 063-636-3369 |
| 금산간디학교(고) | 충남금산군 | 041-753-2586 |
| 꿈의학교(중,고) | 충남서산시 | 041-681-3411 |
| 제천간디학교(중,고) | 충북제천시 | 043-653-5792 |

도시에 있는 대안학교

| | | |
|---|---|---|
| 꿈꾸는아이들의학교 | 서울관악구 | 02-855-2529 |
| 꿈들학교 | 서울종로구 | 02-743-1319 |
| 꿈터학교 | 서울송파구 | 02-404-3077 |
| 난나학교 | 서울강북구 | 02-999-3755 |
| 대안학교한들 | 서울송파구 | 02-449-0500 |
| 광진도시속작은학교 | 서울광진구 | 02-201-8190 |
| 사람사랑나눔학교 | 서울강북구 | 02-986-7472 |
| 성장학교별 | 서울관악구 | 02-888-8069 |
| 하늘꿈학교 | 서울송파구 | 02-443-2072 |
| 셋넷학교 | 성울영등포구 | |
| 은평씨앗학교 | 서울은평구 | 02-384-3518 |
| 거침없는우다다학교 | 부산금정구 | 051-514-8812 |
| 아시아공동체학교 | 부산남구 | 051-633-1381 |
| 풀잎공동체대안학교 | 대전삼천동 | 042-320-2388 |
| 도시속참사랑학교 | 광주남구 | 062-368-1318 |
| 들꽃피는학교 | 경기안산시 | 031-402-4405 |
| 디딤돌학교 | 경기성남시 | 031-755-4080 |
| 청미래학교 | 경기파주시 | 031-955-3278 |

| 더불어가는배움터길 | 경기 의왕시 | 031-421-3779 | |

### 진로관련상담

| 한국산업인력공단 | 서울 마포구 | 02)3471-9190~12 | www.hrdcenter.or.kr |
| YMCA 청소년진로진학상담실 | 서울 영등포구 | 02)2676-6114 | http://myway.or.kr |
| 중앙고용정보관리소 | 서울 영등포구 | 02)1544-1350 | www.work.go.kr |
| 한국진로상담연구소 | | | www.teensoft.net |

# 8. 전국 청소년상담실

### 서울특별시

| 서울시 청소년종합상담센터 | 서울 중구 | 02-2285-1318 | www.teen1318.or.kr |
| 강북청소년수련관 청소년상담센터 | 서울 강북구 | 02-900-6640 | www.nanna.seoul.kr |
| 구로청소년수련관 청소년상담센터 | 서울 구로구 | 02-839-5242 | www.guro1318.org |
| 구로청소년쉼터 청소년상담센터 | 서울 금천구 | 02-3281-8200 | www.youthzone.or.kr |
| 근로청소년복지관 청소년상담센터 | 서울 광명시 | 02-899-3800 | www.boram.or.kr |
| 노원청소년수련관 청소년상담센터 | 서울 노원구 | 02-3391-0079 | www.youthcenter.or.kr |
| 목동청소년수련관 청소년상담센터 | 서울 양천구 | 02-2646-8341 | www.mokdongcounsel.co.kr |
| 문래청소년수련관 청소년상담센터 | 서울 영등포구 | 02-2676-6114 | www.myway.or.kr |
| 보라매청소년수련관 청소년상담센터 | 서울 동작구 | 02-834-1355~6 | www.boramyc.or.kr |
| 신림청소년쉼터 청소년상담센터 | 서울 관악구 | 02-876-7942 | www.shelter.or.kr |
| 수서청소년수련관 청소년상담센터 | 서울 강남구 | 02-2226-8555 | www.youtra.or.kr |
| 중랑청소년수련관 청소년상담센터 | 서울 중랑구 | 02-490-0200 | www.jjang.or.kr |
| 아하! 청소년문화센터 | 서울 영등포구 | 02-2676-1318 | http://aha.ymca.or.kr |
| 청소년정보문화센터 | 서울 용산구 | 02-795-8000 | www.wangtta.com |

### 부산광역시

| 부산광역시청소년종합상담센터 | 부산 부산진구 | 051-804-5001 | www.cando.or.kr |
| 함지골청소년수련관 청소년상담센터 | 부산 영도구 | 051-405-5224 | www.busanyouth.or.kr |
| 양정청소년수련관 청소년상담센터 | 부산 부산진구 | 051-868-0950 | www.power1318.org |
| 금정청소년수련관 청소년상담센터 | 부산 금정구 | 051-581-2070 | www.youthcool.or.kr |
| 부산광역시 청소년보호종합지원센터 | 부산 사상구 | 051-303-9601 | |

## 대구광역시

| | | | |
|---|---|---|---|
| 대구광역시 청소년상담센터 | 대구 달서구 | 053-635-2000 | www.teenhelper.org |

## 인천광역시

| | | | |
|---|---|---|---|
| 인천광역시 청소년종합상담센터 | 인천 남동구 | 032-891-2000~1 | www.inyouth.or.kr |
| 연수구 청소년상담센터 | 인천 연수구 | 032-810-7307~8 | www.yonsu.inchon.kr |

## 광주광역시

| | | | |
|---|---|---|---|
| 광주광역시 청소년종합상담센터 | 광주 동구 | 062-232-2000 | www.kycc.or.kr |

## 대전광역시

| | | | |
|---|---|---|---|
| 대전광역시 청소년종합상담센터 | 대전 중구 | 042-257-2000 | www.dycc.or.kr |

## 울산광역시

| | | | |
|---|---|---|---|
| 울산광역시 청소년종합상담센터 | 울산 남구 | 052-227-2000 | www.counteen.or.kr |
| 울산광역시 동구청소년상담센터 | 울산 동구 | 052-233-5279 | www.friend5279.or.kr |

## 강원도

| | | | |
|---|---|---|---|
| 강원도청소년종합상담센터 | 강원 춘천시 | 033-256-2000 | www.gycc.org |
| 강릉시청소년상담센터 | 강원 강릉시 | 033-646-8666 | www.gn1318.or.kr |
| 원주시청소년상담센터 | 강원 원주시 | 033-744-1318 | www.wj1318.or.kr |
| 철원군청소년상담센터 | 강원 철원군 | 033-450-5000 | un24k@hanmail.net |
| 영월군청소년상담센터 | 강원 영월군 | 033-375-1318 | cafe.daum.net/yw1318 |

## 경기도

| | | | |
|---|---|---|---|
| 경기도청소년종합상담센터 | 경기 수원시 | 031-237-1318 | www.hi1318.or.kr |
| 수원시청소년상담센터 | 경기 수원시 | 031-212-1318 | www.suwon1318.or.kr |
| 성남시청소년상담센터 | 경기 성남시 | 031-717-2000 | www.sn1318.or.kr |
| 부천시청소년상담센터 | 경기 부천시 | 031-665-9191 | www.zzang1318.or.kr |
| 안양시청소년상담센터 | 경기 안양시 | 031-446-0242 | www.egfriend.or.kr |
| 안산시청소년상담센터 | 경기 안산시 | 031-482-1318 | www.aycc.org |
| 용인시청소년상담센터 | 경기 용인시 | 031-336-4900 | www.yongin1318.or.kr |
| 평택시청소년상담센터 | 경기 평택시 | 031-656-8442 | www.pt1318.or.kr |
| 광명시청소년상담센터 | 경기 광명시 | 02-809-2000 | www.km1318.or.kr |

| | | | |
|---|---|---|---|
| 시흥시청소년상담센터 | 경기 시흥시 | 031-318-7100 | www.ddosang.or.kr |
| 군포시청소년상담센터 | 경기 군포시 | 031-398-1277 | www.gunpo1318.net |
| 화성시청소년상담센터 | 경기 화성시 | 031-225-0924 | www.mars1318.or.kr |
| 이천시청소년상담센터 | 경기 이천시 | 031-634-2777 | www.ic1318.or.kr |
| 김포시청소년상담센터 | 경기 김포시 | 031-985-1387 | www.gimpocity.net/sangdam |
| 광주시청소년상담센터 | 경기 광주시 | 031-760-2929 | www.gj21.net |
| 안성시청소년상담센터 | 경기 안성시 | 031-676-1318 | www.an1318.net |
| 하남시청소년상담센터 | 경기 하남시 | 031-790-6680 | www.hanamyouthpia.com |
| 의왕시청소년상담센터 | 경기 의왕시 | 031-459-1332 | uw1318@chollian.net |
| 오산시청소년상담센터 | 경기 오산시 | 031-372-4004 | www.osan1318.or.kr |
| 여주군청소년상담센터 | 경기 여주군 | 031-882-8889 | www.yju1318.or.kr |
| 양평군청소년상담센터 | 경기 양평군 | 031-775-1318 | www.yp1318.or.kr |
| 과천시청소년상담센터 | 경기 과천시 | 02-502-1318 | www.gc1318.or.kr |
| 고양시청소년상담센터 | 경기 고양시 | 031-970-4002 | www.koymca1318.or.kr |
| 의정부시청소년상담센터 | 경기 의정부시 | 031-872-5151 | ujb1318@kg21.net |
| 남양주시청소년상담센터 | 경기 남양주시 | 031-590-8097~8 | www.nyc1318.net |
| 파주시청소년상담센터 | 경기 파주시 | 031-946-0022 | www.pajuyouth.or.kr |
| 구리시청소년상담센터 | 경기 구리시 | 031-557-2000 | www.goodmaind.or.kr |
| 포천시청소년상담센터 | 경기 포천시 | 031-533-1318 | www.counsel.pcs21.ent |
| 양주시청소년상담센터 | 경기 양주시 | 031-858-1318 | www.yj1318.net |
| 동두천시청소년상담센터 | 경기 동두천시 | 031-865-2000 | cafe.daum.net/dyc1318 |
| 가평군청소년상담센터 | 경기 가평군 | 031-582-2000 | www.gp1318.com |
| 연천군청소년상담센터 | 경기 연천군 | 031-832-4452 | www.toktok1318.or.kr |

### 충청북도

| | | | |
|---|---|---|---|
| 충청북도청소년종합상담센터 | 충북 청주시 | 043-258-2000 | www.cyber1004.or.kr |
| 충주시청소년상담센터 | 충북 충주시 | 043-842-2007 | www.chungsky.org |
| 제천시청소년상담센터 | 충북 제천시 | 043-642-7939 | www.jc1318.or.kr |
| 청주시청소년상담센터 | 충북 청주시 | 043-261-0777 | www.jouth.jsc.ac.kr/jouth/counsel |

### 충청남도

| | | | |
|---|---|---|---|
| 충청남도청소년종합상담센터 | 충남 천안시 | 041-554-2000 | www.nettore.or.kr |
| 공주시청소년상담센터 | 충남 공주시 | 041-854-2862 | kongju2862@chollian.net |
| 금산군청소년상담센터 | 충남 금산군 | 041-751-2007 | geumsan2@hanmail.ent |

| 논산시청소년상담센터 | 충남 논산시 | 041-736-2041 | ns1318@freechal.com |
| 당진군청소년상담센터 | 충남 당진군 | 041-357-2000 | http://청소년상담실.net |
| 보령시청소년상담센터 | 충남 보령시 | 041-936-5710 | www.dongmuya.or.kr |
| 부여군청소년상담센터 | 충남 부여군 | 041-836-1898 | www.buyeo924.or.kr |
| 서산시청소년상담센터 | 충남 서산시 | 041-669-2000 | www.haemaum.com |
| 서천군청소년상담센터 | 충남 서천군 | 041-953-4040 | www.1318seocheon.go.kr |
| 아산시청소년상담센터 | 충남 아산시 | 041-532-2000 | www.ttore.net |
| 연기군청소년상담센터 | 충남 연기군 | 041-867-2000 | chyongi@hanmail.net |
| 예산군청소년상담센터 | 충남 예산군 | 041-335-5700~1 | hbkhee@hanmail.net |
| 청양군청소년상담센터 | 충남 청양군 | 041-942-9596 | jsk0617@hanmail.net |
| 태안군청소년상담센터 | 충남 태안군 | 041-674-2800 | ta2800@hanmail.net |
| 홍성군청소년상담센터 | 충남 홍성군 | 041-634-4858 | www.hsytc.com |
| 계룡시청소년상담센터 | 충남 계룡시 | 042-841-0343 | cafe.daum.net/kuk0343 |

전라북도

| 전라북도청소년종합상담센터 | 전북 전주시 | 063-275-2000 | www.상담짱.kr |
| 전주시청소년상담센터 | 전북 전주시 | 063-227-1005 | www.jjsangdam.or.kr |
| 군산시청소년상담센터 | 전북 군산시 | 063-468-2870 | www.gunsan0924.or.kr |
| 익산시청소년상담센터 | 전북 익산시 | 063-856-2003 | www.helper1318.co.kr |
| 정읍시청소년상담센터 | 전북 정읍시 | 063-531-3000 | www.counsel1318.or.kr |
| 남원시청소년상담센터 | 전북 남원시 | 063-633-1977 | www.namwon1318.or.kr |
| 김제시청소년상담센터 | 전북 김제시 | 063-545-0112 | www.youth.egimje.ent |
| 완주군청소년상담센터 | 전북 완주군 | 063-291-7373 | www.wanju0924.or.kr |
| 진안군청소년상담센터 | 전북 진안군 | 063-433-2377 | ahah1318@hanmail.net |
| 무주군청소년상담센터 | 전북 무주군 | 063-324-6688 | hangyi@hanmair.com |
| 장수군청소년상담센터 | 전북 장수군 | 063-351-2000 | with0924@hanmail.net |
| 임실군청소년상담센터 | 전북 임실군 | 063-644-2000 | www.imsil1318.co.kr |
| 순창군청소년상담센터 | 전북 순창군 | 063-653-4646 | cafe.daum.net/s0924 |
| 고창군청소년상담센터 | 전북 고창군 | 063-563-6792 | kcy1318@hanmail.net |
| 부안군청소년상담센터 | 전북 부안군 | 063-583-8772 | www.counland.or.kr |

전라남도

| 전라남도청소년종합상담센터 | 전남 순천시 | 061-724-2000 | www.gominssak.or.kr |
| 나주시청소년상담센터 | 전남 나주시 | 061-337-1366 | www.njiyc.net |

| 목포시청소년상담센터 | 전남 목포시 | 061-272-2440 | www.youth.mokpo.go.kr |
| 여수시청소년상담센터 | 전남 여수시 | 061-663-2000 | www.meeteen.or.kr |

## 경상북도

| 경상북도청소년종합상담센터 | 경북 안동시 | 054-853-3011~3 | www.we7942.or.kr |
| 경산시 청소년상담센터 | 경북 경산시 | 053-815-4106 | www.we-ok.or.kr |
| 경주시청소년상담센터 | 경북 경주시 | 054-749-2000 | gy3388@hanmail.net |
| 영주시청소년상담센터 | 경북 영주시 | 054-634-1318 | www.yj1318.or.kr |
| 영천시청소년상담세터 | 경북 영천시 | 054-338-2000 | www.we79.or.kr |
| 포항시청소년상담센터 | 경북 포항시 | 054-252-0020 | www.iyouth.ipohang.org |
| 김천시청소년상담센터 | 경북 김천시 | 054-431-2009 | www.talkme.or.kr |
| 구미시청소년상담센터 | 경북 구미시 | 054-472-2000 | www.youthcoc.org |
| 문경시청소년상담센터 | 경북 문경시 | 054-556-3000 | www.we7942.mg21.go.kr |
| 상주시청소년상담센터 | 경북 상주시 | 054-535-3511 | www.sj7942.org |
| 울진군청소년상담센터 | 경북 울진군 | 054-781-0079 | www.uljinuth.or.kr |
| 청송군청소년상담센터 | 경북 청송군 | 054-874-4004 | www.cs-youth.or.kr |

## 경상남도

| 경상남도창원시 청소년종합상담센터 | 경남 창원시 | 055-273-2000 | www.specialfriend.or.kr |
| 마산시청소년상담센터 | 경남 마산시 | 055-245-7941 | www.ms-yc.masan.go.kr |
| 진주시청소년상담센터 | 경남 진주시 | 055-744-2000 | www.jinju.go.kr/kor/teenager |
| 진해시청소년상담센터 | 경남 진해시 | 055-547-5511 | www.jinhae.go.kr/jyci |
| 통영시청소년상담센터 | 경남 통영시 | 055-644-2000 | www.tycoun.or.kr |
| 사천시청소년상담센터 | 경남 사천시 | 055-832-7942 | www.coun7942.or.kr |
| 김해시청소년상담센터 | 경남 김해시 | 055-321-9190 | www.ghfriend.or.kr |
| 밀양시청소년상담센터 | 경남 밀양시 | 055-352-7942 | www.my1318.co.kr |
| 거제시청소년상담센터 | 경남 거제시 | 055-636-2000 | www.counsel.geoje.go.kr |
| 양산시청소년상담센터 | 경남 양산시 | 055-372-2000 | www.yscity.or.kr |
| 의령군청소년상담센터 | 경남 의령군 | 055-572-2000 | www.goodfriend.ur21.org |
| 함안군청소년상담센터 | 경남 함안군 | 055-583-0924 | www.hanam.go.kr |
| 창녕군청소년상담센터 | 경남 창녕군 | 055-532-2000 | www.jeje.cng.go.kr |
| 고성군청소년상담센터 | 경남 고성군 | 055-673-7942 | www.goseong.go.kr |
| 남해군청소년상담센터 | 경남 남해군 | 055-863-5279 | www.namhae.go.kr |
| 하동군청소년상담센터 | 경남 하동군 | 055-883-3000 | www.hadong.go.kr |

| | | | |
|---|---|---|---|
| 산청군청소년상담센터 | 경남 산청군 | 055-973-8424 | www.sancheong.ne.kr |
| 함양군청소년상담센터 | 경남 함양군 | 055-963-7922 | www.hygn.go.kr |
| 거창군청소년상담센터 | 경남 거창군 | 055-941-2000 | www.gcfriend.com |
| 합천군청소년상담센터 | 경남 합천군 | 055-930-3911 | www.hc.go.kr/hccc |

제주도

| | | | |
|---|---|---|---|
| 제주도청소년종합상담센터 | 제주 제주시 | 064-746-7179 | www.doum1004.or.kr |
| 서귀포시청소년상담센터 | 제주 서귀포시 | 064-763-7179 | www.gominpia.or.kr |

# 엄마,
## 도와줘…

**첫판 1쇄 펴낸날** 2007년 6월 11일

**지은이** 신순갑·이정환 ㅣ **펴낸이** 문종현
**펴낸곳** 도서출판 달과소 ㅣ **출판등록** 2004년 1월 13일 제2004-6호
**주소** 우)121-840 서울시 마포구 서교동 395-64 회산빌딩 301호
**전화** 0502-123-8889 ㅣ **팩시밀리** 0502-123-8890 ㅣ **홈페이지** www.dalgaso.co.kr
**본문디자인·일러스트** 고냥새 catbird@graefikhaus.com
**찍은곳** 신우문화인쇄 ㅣ **ISBN** ISBN 978-89-91223-17-2 [03370]

＊잘못된 책은 바꾸어 드립니다. ＊책값은 뒤표지에 표시되어 있습니다.